JN063669

0 ―ゼロ―

からわかる！

株

超入門

Understanding from 0!
Introduction to Stocks

グローバルファイナンシャルスクール校長
市川雄一郎 監修

ソシム

街のなかをのぞいてみよう

株式投資の目的、
楽しみ方は人それぞれ！

株式投資は、目的や投資する金額、期間に合わせて
行うことができます。自分に合う投資スタイルで、
楽しみながら資産を増やしましょう。

**老後のために、ほとんど
ほったらかしの投資を
しています！**

**続けることで上達して、
今では株でがっつり
利益を出しています！**

株は経験を積めば上達するもの。
実践し続けることで多くの利益を
得ることができる（→P188）。

ドルコスト平均法（→P44）など
のつみたて型の投資（→P31、49）
やインデックス投資（→P52）な
ら、購入後は利益になるまで待つ
のみ。貯金代わりにはじめる人も。

**空いた時間に
スマホで手軽に
株をやっています！**

ネット証券やスマホ証
券（→P66）なら、ス
マホさえあればネット
ショッピングのように
株を売買できる。

株主優待券で
支払います！

やってないけど
気になってる！
詳しく知りたいよね

NISAとか
やってる？

株主優待（→P20）を目当てに株を買う人も多い。商品券や金券、株主限定の商品などがもらえる。

NISAを活用すれば、株にかかる税金が0％に（→P46）。証券会社に口座を開くとき、NISA口座も開くようにしよう。

これ最近
ハマってるんだ

僕も！
その会社の株を
ポイントで買ったよ

株を買うと、その会社を応援することになる。好きな商品やサービスがある会社を投資先にしよう。ポイントで手軽に投資することもできる（→P68）。

あなたに合った
投資スタイルは？

株の投資スタイルには、「短期投資」と「長期投資」の2つがあります。
自分の生活や収入、性格、目的に合わせて選びましょう。

☑ **A欄**

- [ ] はやめにお金を増やしたい
- [ ] 好きなときに使える
  おこづかいがほしい
- [ ] こまめに株価や会社の情報を
  チェックできる
- [ ] 投資したお金が
  長期間使えなくなるのは困る
- [ ] 損失があっても
  冷静に対応できる

A欄にチェック
が多い人

短期投資向き かも（→ P40）

多少のリスクがあっても、すぐに利益がほしいあなたは短期投資向きかも。新しいものや流行に注目して株を選ぶとよい。

☑ **B欄**

- [ ] 将来のためにお金を貯めたい
- [ ] 年1回でもいいから
  継続的に利益がほしい
- [ ] 一度投資をしたら、後は
  ほったらかしたい
- [ ] 投資したお金はしばらく
  引き出せなくてもよい
- [ ] 損失や利益に
  一喜一憂したくない

B欄にチェック
が多い人

長期投資向き かも（→ P42）

リスクが少なく、安定した利益がほしいあなたは長期投資向きかも。成長が期待できる会社や経営が安定している会社を選ぶとよい。

短期投資も長期投資も少額からできます！ どちらをやるにしてもまずは、少額からはじめるといいですよ。

株のやり方は普段の買い物と同じ！

ほしいもの・目的を決める

例

おでかけのお洋服がほしい

何のためにお金を増やすのか目的を明確にすると、買うときや売るときの基準になる。

分析して何を買うか具体的に決める

例

型は？
色は？
価格は？

目的・条件に合う株かどうかなどを分析して（→第3章）、株を選んで買う。

いらなくなったら手放す

また目的を決めてスタート！

目的を達成したなど、不要になった株を売ってお金にしたり、新しく株を買ったりする。

例

売る

株は持っていても、売っても利益になる可能性大！

本書の登場人物紹介

市川雄一郎先生

GFS*の校長先生。初心者にもわかりやすく株を解説！CFP®を持つなど、世界が認める投資のプロ。

会社員・Aさん

会社員（30代）。株に興味があり、少し勉強をはじめた。老後のために、長期投資でお金を増やしたい。

会社員・Bさん

車が好きな会社員（20代）。株でお金を増やして、憧れの高級車を買いたい。短期投資を検討中。

※グローバル・ファイナンシャル・スクール（Global Financial School）
：2020年に生徒数や講座数など4項目で日本一になった金融オンラインスクール。

contents

第2章 株取引の第一歩 証券口座を開設しよう

第3章 【銘柄選び】
よい会社を見極める

第4章 株を売買してみよう

第5章 【売買のタイミング】
チャートで株価を確認しよう

第6章 うまく続けていくためのコツを知ろう！

さっそく
はじめましょう

第 **1** 章

正しい株の知識を
身につけよう

株のメリットやデメリット、ルールについて解説します。
株をはじめる前に、基本的な知識を身につけましょう。

株にはメリットが
たくさん！
長期保有なら
リスクも少ないよ

目的があれば
株は怖くない！

株は、目的をきちんと決めれば、安全に資産を増やすことができます。

 株ってなんだか怖いイメージがあります。本当に儲かるんですか？

 株には再現性があるので、初心者でも利益を出すことができますよ。

 でも、もしうまくいかなかったら、投資したお金が減ってしまうかもしれませんよね……。

 確かにその可能性はあります。しかし、投資の目的を決めて、正しい知識を身につければ、リスクを減らすことができますよ。株は条件に合ったら買い、外れたら売るものです。目的に合わせて自分の取引ルールをつくっていきましょう。

 でも、経済とかわからないし、難しそうです……。

 株の基本的な知識を身につければ、経済に詳しくなくても大丈夫です！　まずは練習のために、知っている会社の株を少額から買ってみましょう。

再現性
同じ方法を再現したとき、似たような結果が得られること。株は正しい知識のもと、きちんと分析すれば、何度でも利益を出すことができる。

投資
利益を得るためにお金を投じること。株や債券、不動産など投資対象はさまざま。株は、ほかの対象に比べて受けられるメリットが多く、少額で投資できる。

取引ルール
株は自己責任で行う。目的に合わせて、自分でルールを決めて売買する。本書を読み進めていき、自分の目的に合う取引ルールをつくっていこう。

安全にはじめるために目的を決めよう

 老後のために、1,000万円ほしい
車を買うために、200万円ほしい

　　　　　　　　　　　のために　　　　　　　　　　円ほしい！

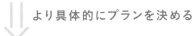 より具体的にプランを決める

投資期間

いつまでに達成したいのか、投資する期間を決める。

投資金額

月額や合計額など、日常生活に支障がない範囲で、投資する金額を決める。

自分の投資プランが見えてくる

具体的な目的を決めると、株を選ぶときや売買するときに役立つ。自分に合った株や投資スタイルを見つければ、リスクを減らすことにつながる。

株は誰でも簡単にはじめられる！

用意するものは2つだけ

証券会社の口座（→P58）とお金を用意する。かかる費用は、株の代金と手数料（→P58）、税金（→P46）のみ。数百円からはじめられる。

知っている会社の株を買おう

株を買うということは、その会社を応援するということ（→P14、86）。難しく考えずに、自分が知っている会社の株を買ってみよう。

基本のルールを知ればOK

数字が苦手でも、経済がわからなくても株で利益を出すことはできる。まずは、この本を読んで株の基本知識とルールを身につけよう。

株とは

株は対価を
受けるための証明書

株を買うと株式会社に出資したことになり、さまざまな
メリットを受けられます。

先生、そもそも株って何ですか？

事業を行う資金を集めるために、株式会社が発行するものです。

株を買うと、何かいいことがあるんでしょうか？

株（株式）は出資の証明書です。株を買うと、会社を応援することになり、株主はお礼としてさまざまなメリットが受けられます。これによって資産を増やすのが株式投資で、直接金融という投資の1つです。これに対して、銀行預金などを間接金融といいます。

銀行預金も投資だったんですね！　でもメリットが利息だけだと、なかなか資産は増えませんよね……。

株式投資は預金に比べるとリスクがありますが（→P26）、リターンもメリットも大きいので、預金よりも確実に資産を増やすことができますよ。

株式会社
株（株式）を発行することで投資家から資金を調達し、事業活動を行う会社のこと。

出資
利益を期待してお金を援助すること。

株主
株を購入し、株式会社に出資した人のこと。

直接金融
お金を借りたい人に、お金を貸したい人が直接出資すること。株式投資や債券投資がこれに当たる。

間接金融
お金を貸す人が、人から預かったお金で出資すること。銀行は預金者から預かったお金を会社や国に貸しているため、これに当たる。

株主にも会社にもメリットがある

会社のメリット①

資金を集める

投資家に株を買ってもらうことで、資金を調達する。その資金をもとに、新しい事業をはじめるなどして利益を生み出すことができる。

会社のメリット②

社会的評価を得る

株主が増えると、多くの人に認められ、人気があるという証明に。会社の知名度やイメージの向上は、利益を増やすことにもつながる。

株主のメリット①

会社の利益が還元される

株式会社の利益は、出資のお礼として株主に還元される。お金やモノなど、還元の方法はさまざま。株主はこれによって利益を得ることができる。

株主のメリット②

ほかの株主に株を売れる

会社が発行する株の数には限りがあるため、新しく株が発行されない限り、ほしい人は株主から株を買う。買った価格よりも高く売れば利益になる。

メリット①

ほったらかしでも配当金がもらえる

配当金は、株で資産を増やす方法の1つです。会社の利益がそのままお金として株主に還元されます。

株を持っていると**配当金**をもらえますよ。

株を持っているだけでお金がもらえるんですね！　いくらもらえるんですか？

会社ごとに1株当たりの配当金額が決まっています。会社のホームページなどで確認しましょう。**配当利回り**が高いほど、お得に配当金がもらえますよ。

配当利回りが高い株をたくさん持っていたら、メリットが大きいですね！　配当金はいつもらえるんですか？

時期と回数は会社によります。もらえる時期がずれるように投資して毎月もらう人もいますよ。

すごい！　でも、会社の利益がないときはどうなるんですか？

利益がないと**減配**、**無配**になることもあります。**増配**を続けている会社は、減配する可能性が低いので狙い目ですよ。

配当金
株式会社の利益のうち、株主に配るお金のこと。インカムゲインともいう。

配当利回り（利回り）
投資金額に対する配当金の割合のこと。自分で計算しなくても、株専門の情報サイト（→P24）で確認できる。

減配
配当金が減ること。

無配
配当金がないこと。

増配
配当金が増えること。特に、アメリカには増配している会社が多い（→P83）。

株主は会社の利益を分けてもらえる！

┌─────────────── 会社の利益 ───────────────┐

配当金　　　　　　　　内部留保　　　　　　　　役員の
　　　　　　　　　　　　　　　　　　　　　　　ボーナスなど
　⇓　　　　　　　　　　⇓

株主に配るお金　　　**次の利益のために蓄えるお金**

株式会社は株で集めた資金から　　配当金などを差し引いた残りの利益。
利益を得ているので、利益の一　　今後の事業資金になる。会社が解散し
部を株主に還元する。　　　　　　たときは株主に返還する。

事業で利益が出ると配当金になる

 つまり

配当金も内部留保も株主のもの！

配当金の計算

各上場企業のホームページ
などで確認（→ P89）

（例）

持っている株数		1株当たりの配当金		受け取る配当金
100 株	×	30 円	=	3,000 円

（例）**配当利回りも計算してみよう**

$$\frac{1株当たりの配当金\ \ 30円}{1株当たりの価格\ \ 1,000円} \times 100 = 配当利回り\ \ 3\%$$

株の価格は
変動するので（→ P18）、
直近の価格で計算

配当利回りは高い方がトク！

1株当たりの配当金と株の価格
は会社によるので、配当金が多
いかどうかは配当利回りで比べ
ます。配当利回りが高い株を選
べば、少ない投資金額で多くの
配当金をもらえますよ。

メリット②

株を高く売ることで値上がり益を得られる

株の価格は変化します。買った価格よりも高く売ることができれば、利益になります。

 株が成長することは株の楽しみの1つでもあります。

 株が成長するって、株の価格が上がることですか?

 そうです。買った価格よりも高く売って得られる利益を値上がり益といいます。取引があれば株価が動くので、いつでも利益を狙えます。

 配当金と違って、好きなときに利益を得られて、一攫千金も狙えますね!

 1日で何億と稼ぐ人もいます。しかし、基本的に利益は積み重ねです。株価は短期的に大きく下落することもありますが、長期的に見ると上がっている会社はたくさんあります。なかには、数年でテンバガーになるものも。特に、米国株に多い傾向です。

 なるほど。長期的に投資をすると、大きな利益になりやすいんですね。

株価
1株当たりの価格のこと。需要と供給が一致したところで価格が決まる(→P34)。

テンバガー(10倍株)
株価が10倍になった株、もしくはなりそうな株のこと。近年は、数か月〜数年で10倍以上になったり、100倍以上になる株も。

米国株
アメリカにある会社の株のこと(→P82)。日本でも外国の株を買うことは可能。外国株には、米国株のほか中国株や韓国株、ロシア株、インド株などがある。

買った価格より高く売るのが鉄則

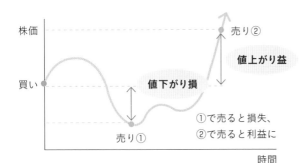

リターンとリスク

株価が高いときに売ると値上がり益になる。しかし、低いときに売ると値下がり損になってしまう。

いつでも利益を狙える

〈短期の株価の動き〉

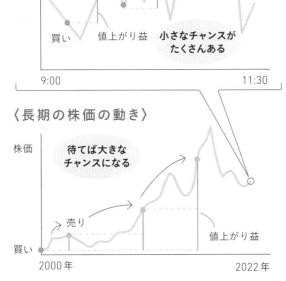

小さく細かく上下する

株価の動きは短期的に見ると、小刻みに上下している。0.1秒で動くことも。小さな利益であれば、値上がり益を得るチャンスが何度もある。

〈長期の株価の動き〉

大きな流れで上下する

株価の動きを長期的に見ると、緩やかに上下していることがわかる。時間をかけることで、大きな値上がり益を狙うことができる。

メリット③ 株主優待でさまざまなおまけがもらえる

株主優待ではモノや金券、体験など、お金とは異なるかたちで会社の利益が還元されます。

株主優待も、株のメリットの1つですよね！　株主優待で生活している人を、テレビで見たことがあります。

会社によって内容が異なる点も魅力ですね。**保有株数や保有期間で内容がグレードアップする**こともありますよ。

株主優待って、どの会社に投資してももらえるんですか？

株主優待を行っていない会社もあります。でも、株主優待に力を入れている会社は多いですよ。

株主優待をもらえるかどうかは、どこで確認できますか？

株主優待の有無や内容は、会社のホームページなどに載っています。そのほか、**隠れ優待**がもらえる場合もありますよ。

どんな株主優待があるのか気になります。さっそく調べてみようっと！

保有株数
持っている株の数のこと。

保有期間
株を持っている期間のこと。

隠れ優待
公表されていない株主優待のこと。各社のホームページや情報サイトに載っていなくても、株主優待を受けられる場合がある。

株主優待の主な例

食料品

例

日本水産
びん・缶詰など
500株以上＝3,000円相当

森永製菓
お菓子など
100株以上＝1,500円相当

食品関係の会社は、自社製品を株主優待にしていることが多い。海産物などの生ものをカタログギフトとしてもらえることも。

株主優待券

例

JR東日本
乗車優待券
100株ごとに1枚の優待券（4割引き）

串カツ田中
食事優待券
100株以上＝1,000円券×2枚

自社製品や自社サービスの割引券（株主優待券）がもらえる。クオカードや金券がもらえることも。有効期限があるので、使用時には注意しよう。

日用品

例

ライオン
ハミガキ粉・洗剤など
100株以上＝2,500円相当

ファンケル
美容品など
100株以上＝3,000円相当

日用品の株主優待は、生活用品メーカーやドラッグストア、衣料品、化粧品、百貨店関係の会社に多い。日用品は保存がきくため人気が高い。

株主限定品

例

タカラトミー
2,000株以上＝限定トミカと
　　　　　　限定リカちゃん

TBSホールディングス
1,000株以上＝番組の観覧
　　　　　　（抽選）

株主限定の自社製品や会社の周年記念品などの非売品がもらえる。また、限定イベントに招待されることも。長期保有が条件になっていることが多い。

※2023年4月現在

メリット④ 株主総会に出席して 経営に参加できる

株主総会に出席すると、会社のオーナーとして経営に関わることができます。

 株を買うと会社のオーナー、つまり所有者（株主）になります。そのため、**株主総会に出席する**ことができます。

 株を買えば、誰でも出席できますか？

 単元株^{たんげんかぶ}以上保有していて、**議決権がある**場合に限ります。出席資格がある株主には、**株主総会招集通知書**が届きます。

 株主総会に出席すると、どんなメリットがあるんですか？

 会社の経営に参加できます。会社の重要事項の決定には、株主総会で株主の承認を得る必要があるんです。株主総会で議決権を行使すれば、会社の経営を左右する決議に投票することができます。

 ぜひ行ってみたいです！

 おみやげをもらえることもあるので、ぜひ参加してみてください。オンラインで参加できる場合もありますよ。

株主総会
株式会社の最高意思決定機関。年に1度の定時株主総会と、必要に応じて開催する臨時株主総会がある。

単元株
まとまった株の数をあらわす単位を単元という。2018年10月1日以降、日本の場合は100株が単元株として取引されている。1単元株の数は基本100株だが、1,000株を超えない範囲で会社が設定できる。

議決権
株主総会の決議で投票できる権利のこと。1単元につき1つの議決権がもらえる。

株主総会招集通知書
株主総会の開催日時や場所などの記載があり、議決権行使書が同封されている。参加するときは持っていこう。

株主総会は最高意思決定機関

株主総会

取締役会・監査役会など
業務執行の意思決定や監査など
を行う。

代表取締役
会社の代表権を持ち、業務を執
行する人のこと。

従業員など

参加条件　　　　　　　　　株主

1単元株以上保有していて、議決権
があること。また、株主総会開催時
に株主であること。

目的

株主は所有者として、経営者がきち
んと会社を運営しているかどうかを
チェックする。

株主総会で決めること

・会社の合併、解散
・役員の選任、解任　　など

定款（ていかん）の変更や会社の存続、役員につい
てなど会社の基本的事項を決める。ま
た、配当金や株数の増減など、株主の
利益に関する事項なども決める。

質問や議決に参加

決議の内容や経営方針、運営などにつ
いて社長や役員に質問できる。また、
議決権で議題の投票に参加できる。

おまけがあることも

(例)　ファンケル：自社製品の
　　　　　　　　特別割引販売
　　　アミューズ：株主限定イベント
　　　　　　　　（抽選）

株主総会の参加後には、おまけがもら
えることも。隠れ優待の1つ。

ネットで簡単！

株主のメリットを比べてみよう

成長性や株主優待、配当利回りなどを比べ、株主を大切にする企業に投資しましょう。

これまで紹介したように、株を買うメリットには「高配当が期待できる」「安く買って値上がりを期待できる」「株主優待が充実している」などがあります。企業によって株主への還元の仕方に特徴があるので、どんなメリットがあるのか調べる必要があります。

企業のホームページを見れば詳しくわかりますが、1つひとつ調べていくのは時間と労力がかかります。そこで役立つのが株情報サイト。株価や配当利回り、株主優待の内容、株の人気度などが比較できる情報の宝庫です。株の売買に必要な情報が見やすく、比較に便利なので投資のプロも利用しています。

多くが無料で利用可能で、サイトを見るだけでも「株を買いたい」と気分が盛り上がるはずです。

主な株情報サイト

Yahoo! ファイナンス	会社四季報 オンライン
みんかぶ （旧みんなの株式）	日経会社情報 DIGITAL
株探	株マップ.com

見やすいものを探そう　財務情報や株価など多くの情報が載っているため、取引のための分析にも役立つ（→第3章・第5章）。自分が見やすく、使いやすいものを探そう。同じ情報を違う媒体で見比べるのもよい。

会社ごとにメリットを調べよう

 今、気になる会社がある?

ある ↙   ↘ ない

| その会社のホームページ を見てみよう! | 株情報サイトを 見てみよう! |

買える株（上場企業の株→ P60)
かどうか確認

ランキングから探すのもアリ!
┌ ・人気株ランキング
│ ・配当利回りランキング
└ ・値上がり率ランキング　など

買える
株の場合
↓

気になる株を
見つける
↓

メリットを書き出して比較しよう

 例

	○○社	××社	△△社
株価（1株）	100円	500円	1,000円
配当利回り	1%	8%	3%
株主優待	なし	なし	300株で 米10kg

値上がり益を 期待できる

上場して間もない企業や株価が安い企業などは、成長して大きく値上がりする可能性が高い。

配当金で 儲かりそう

企業によって配当金額は異なる。同じ投資金額でも配当利回りが高いと、利益が大きくなる。

株主優待が 魅力的

商品やサービスの特典は節約につながり、資産を増やすことができる。株価は高めの場合が多い。

デメリット①

資産が減ってしまう可能性がある

そもそもどんなことがリスクになるのか知っておけば、リスクを管理することができます。

投資の世界では、不確定な要素のことを**リスク**といいます。株には右ページのように主に5つのリスクがあり、資産が減ってしまうこともあります。

資産が減るのは避けたいです。**元金は保証されない**のでしょうか？

投資者保護基金がありますが、投資先の会社がなくなった場合は保証されません。**投資はあくまで自己責任**なんです。

元金が減るかもしれないなら、生活費を投資にあててしまうのは危険ですね。

現物取引であれば、元金以外のお金がマイナスになることはありません。しかし、何度も取引をしたりすると、手数料と税金で利益よりもコストが大きくなってしまうこともあります。元金を割らないように考えて投資しましょう。

もらえる利益とかかる費用をきちんと考えて投資しようと思います！

リスク
投資の世界では「危ない」という意味ではなく、どうなるかわからないという意味で使う。

元金
投資したお金。

投資者保護基金
証券会社（→P58）が破綻した場合に投資家を保護するセーフティネットのこと。証券会社が破綻しても、分割管理義務により顧客の財産は原則保護されるが、証券会社が義務を怠り、返還できない場合、投資者保護基金により1人当たり1,000万円まで補償される。

現物取引
通常の株取引のこと。取引時にその場で、自らお金を出す取引。お金を借りて取引することを信用取引という（→P54）。

株取引のリスクは主に5つ

 株価変動リスク

株価の動きを予測できない

株価が上がって利益が出ることもあれば、株価が下がって損をすることもある。株価はさまざまな要因で変動するため（→P36）、予測することは難しい。株価の上下幅が大きいほど、株価変動リスクは高くなる。

 信用リスク

会社がつぶれる
かもしれない

会社の財務や経営状況がよくなることもあれば、悪くなることもある。最悪の場合、会社がつぶれてしまうと、保有している株は無価値になってしまう。

 流動性リスク

売りたいときに
売れるとは限らない

取引のしやすさを流動性という。株は需要と供給の一致で取引をする。そのため、買いたいとき（売りたいとき）に相手がいないと取引できない危険性がある。

〈外国株ではリスクが増える〉

④ **為替変動リスク**

円安・円高は
予測できない

外国株は、外国の通貨で買うことになるため、為替（→P184）が影響する。為替の変動によって、両替するときに利益になることもあれば損をすることもある。

⑤ **カントリーリスク**

他国の情勢は
予測できない

外国株を買うときは、その国の情勢にも注意する。政治や経済状況が株価に影響するので、株価変動要因の1つとして考えなくてはならず、株価変動リスクが生じる。

デメリット②

情報収集に時間と手間がかかる

どの株を買うのか、株をいつ売るのか考えるために、
さまざまな情報と時間、労力が必要です。

 株の売買は情報収集が大変そうですね。

 そうですね。銘柄を選ぶときは、会社の事業内容や業績、株価について情報を集めて分析します（→第3章）。また、株価はさまざまな要因で動くので（→P36）、株を買った後もニュースや世界の動きなどをこまめに確認して、情報収集を続けたいですね。

銘柄
取引の対象になる株のこと。

 集める情報も多いし、慣れない情報を集めるには時間がかかりそうですね。

 会社の情報やニュースをこまめに確認するのは面倒だな……。続けていけるか不安です。

 株式投資をはじめた人のうち、約8％の人が1年以内に株をやめてしまいます。なかでも「時間がないから」という理由でやめてしまう人が最も多いのです*。自分の生活スタイルに合わせて、どれくらいの時間を株にかけられるか見通しを立てておきましょう。

＊株式会社Free Life Consultingが運営する金融オンラインスクール「Global Financial School」の調査「Q.（開始してから1年以内で）まだ投資を続けていますか？」および「Q. なぜ投資をやめたのですか？」（2022年8月17日、20〜60代男女544名からの回答）より。

こんなことに時間がかかる

情報収集の時間

銘柄選びには、さまざまな情報が必要。購入後も、株を持ち続けるのか、売るのかを考えるために情報収集は続けたい。

儲かるまでの時間

株はリスクがあるので、利益が得られるまで時間がかかることも。長く続けると高確率で大きな利益が得られるが、これにも時間がかかる。

勉強の時間

勉強せずに株をはじめると損する可能性がとても高いため、勉強の時間が必要。基本のルールや正しい知識を知り、実践していくには時間がかかる。

成功の方程式　資金 × 利回り × 年数 × 知識 ＝ **成功！**

上の4つの要素はそれぞれ、時間をかければ増やすことができます！

成功の Point 1

どれか1つでも0はNG

成功の方程式は掛け算なので、4つのうちどれか1つでも0だと、合計が0になってしまう。特に、知識を軽視してしまわないように注意しよう。

成功の Point 2

自分の武器を見つける

4つのうちで自分が得意なものを伸ばせば、成功に近づくことができる。どの要素を伸ばせるか考えて、方程式を自分流にアレンジしよう。

株は1株からでも買える！

株は基本的に100株ずつ取引しますが、最近では1株から購入できる株も増えています。

株取引には**売買単位**があり、100株ごとに取引するというルールがあります。

1株1万円の場合は100万円からしか購入できないということですね。どうしてそんなルールがあるんですか？

株主の管理など、会社側のコストを削減するためです。

株主優待は100株からではなく、300株からのものもありました。

株主優待は会社ごとに設定できるので、100株からとは限りません。株主優待や議決権はありませんが、**単元未満株**など1株から買う方法もありますよ。

よかった！　はじめのうちはそれで練習したいと思います。

単元未満株を買う場合、取り扱う証券会社や銘柄に限りがあるので、証券会社のホームページで確認しましょう。

売買単位
株を売買するときに必要な株数のこと。日本では、2018年10月に売買単位が100株に統一された。

単元未満株
銘柄ごとに決められている1単元の株数に満たない株のこと。単元に満たないので、議決権はもらえない。

株主のメリットは株の数で変わる

株主優待
議決権×100

株主優待
議決権×2

配当金×
10,000株

配当金×
200株

配当金
×1株

10,000株

200株

1株

大 ← 会社への影響力・株で得る利益 → **小**

株の保有数が多いほど、リスクは高くなりますが、得られる利益も大きくなります。また、会社や株価への影響力も大きくなります。

100株未満で買う方法

\ 1～99株で /

単元未満株取引

1～99株で、1株ごとに取引できるので、元金も通常の1/100からOK。取り扱う証券会社と、買える銘柄が限られるので確認してみよう（→P72）。

\ 10株ごとで /

ミニ株（株式ミニ投資）

1単元の1/10の単位、つまり10株ごとに取引ができる。元金は通常の1/10から。取り扱う証券会社と、買える銘柄が限られるので確認しよう。

\ 月額でつみたて /

株式るいとう（株式累積投資）

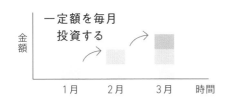

一定額を毎月
投資する

金額

1月　2月　3月　時間

毎月定額で株を購入する方法で、ドルコスト平均法（→P44）の1つ。1銘柄につき月1万円以上、1,000円単位の一定額を決めて、その銘柄を買い続ける。株数が増えて単元株になれば、株主優待や議決権が得られる。取り扱う証券会社と、買える銘柄が限られるので確認を。

ルール②

1日だけ株主でも メリットは得られる!?

株主のメリットを受け取るためには、権利付き最終日まで株を保有しておく必要があります。

株主のメリットはいつから受けられるのでしょうか？

配当金と株主優待は、もらえる日にちが決まっています。会社のホームページで確認しましょう。また、受け取るためには、**権利確定日**まで**株主名簿に登録**されている必要があります。

権利確定日まで株主名簿に登録されるには、どうしたらいいんですか？

権利付き最終日に株を持っていればOKです。その翌日の権利落ち日に売ってしまっても受け取れますよ。

じゃあ、権利付き最終日に株を買っても配当金と株主優待はもらえるということですね！

ただ、**権利付き最終日から権利確定日にかけて株価が激しく上下する**ことが多いです。値上がり益を狙うなら、その付近の売買は避けた方がよいかもしれません。

権利確定日
株主がその銘柄を保有することで、株主の権利を得ることができる日のこと。本決算（→P94）と同じ日のことが多い。日にちはホームページで確認できる。

株主名簿
株主の基本情報を記載した帳簿のこと。株主名簿に登録されたら、株主の権利が発生する。

権利付き最終日
権利確定日の2営業日前のこと。

権利落ち日
権利付き最終日の翌営業日のこと。

権利付き最終日までに株を買おう

例えば… 　権利確定日＝3月31日
　　　　　　配当金支払＝5月末支払い　　　の場合

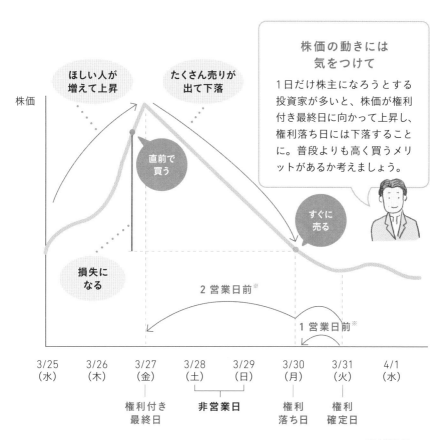

ほしい人が
増えて上昇

たくさん売りが
出て下落

株価の動きには
気をつけて

1日だけ株主になろうとする
投資家が多いと、株価が権利
付き最終日に向かって上昇し、
権利落ち日には下落すること
に。普段よりも高く買うメリ
ットがあるか考えましょう。

直前で
買う

すぐに
売る

損失に
なる

2営業日前※

1営業日前※

株価

3/25 （水）	3/26 （木）	3/27 （金）	3/28 （土）	3/29 （日）	3/30 （月）	3/31 （火）	4/1 （水）
		権利付き 最終日	非営業日		権利 落ち日	権利 確定日	

※非営業日
（土日祝）は除く

この日までに
買っておく

この日に売っても5月末に
配当金はもらえる

ルール③

株価はどうやって決まるの?

株の価格を決めているのは、会社ではなく投資家たちなのです。

株価は刻一刻と変動しますが、おふたりは、株価がどうやって決まるのか知っていますか?

会社の社長が決めているのかと思っていました……。

会社の業績でしょうか? 業績がいいと株価も上がりそうです。

確かに、業績は株価が変動する理由ではあります（→P36）。しかし、株価を決めているわけではありません。実は株価を決めているのは、投資家たちの気持ちなんです。

投資家たちの気持ち? どういうことでしょうか?

株価は、買いたい人が多いほど高くなり、売りたい人が多いほど安くなります。投資家たちの気持ちが株価を上下させ、需要と供給が一致したところで、株価が決まるのです。

需要
株式投資では、株を買いたいと思う人の数、買い注文の数。

供給
株式投資では、株を売りたいと思う人の数、売り注文の数。

株価は投資家が決めている

人気がある
＝株価は上がる

売りたい人よりも買いたい人が多いと、買いたい人の中で競争が起こり、株価は上がる。売る側が価格を上げていくことができる。

人気がない
＝株価は下がる

買いたい人よりも売りたい人が多いと、株価は下がる。なかなか買い手がつかないため、売る側が価格を下げていくことになる。

\ お得な方に決まる /

価格優先の原則

同じ株に複数の注文があったとき、買い注文では価格の高い方、売り注文では価格が安い方が優先される。つまり、より高く売れる方、より安く買える方が優先されるということ。

\ 早い者勝ち /

時間優先の原則

同じ株に同じ価格で、複数の注文が入った場合は、より早く出された注文が優先される。同じ時間に注文して、価格が異なるときは、価格優先の原則に従う。

ルール④

株価を動かす 大きな要因

株価が変動する要因はさまざまですが、大別すると内的要因と外的要因の２つがあります。

株価に発行株式数をかけると、その会社の時価総額になります。つまり、株価は会社そのものの価値に直結しているのです。

だから会社は株価が下がるのを嫌がるんですね。

株価が動く原因には、どんなことがあるんですか？

内的要因と外的要因があります（→右ページ）。株価に影響する情報を材料といい、株価を上げるものを好材料、下げるものを悪材料といいます。

その材料が投資家たちの気持ちに影響するから、株価が上下するんですね。

うわさなども株価に影響することがあります。よいうわさも、悪いうわさも影響しますよ（→P38）。

うわさまで株価に影響するんなんてびっくりです。

発行株式数
会社が発行しているすべての株の数のこと。

時価総額
発行株式数×株価で求める。会社の価値をあらわす指標で、その会社の規模を示す。時価総額が大きいほど、会社の規模も大きい。

材料
株価を動かす原因やできごとのこと。

036

内的要因（会社内のできごと）の例

株式分割

すでに発行している株を分割して、株数を増やすこと。
発行株式数が増えるので株価は下がりやすい。

業績

会社の売上や利益のこと。
一般的には業績がよいと株
価が上がり、悪いと下がる。

M&A

合併（Mergers）と買収
（Acquisitions）のこと。会社
の経営・存続に関わるため、
株価に影響する。

自社株買い

発行済みの株を自社で買う
こと。その後、処分して資
産に繰り入れることも（償
却）。発行株式数が減るの
で株価は上がりやすい。

増資

新しく株を発行すること。
発行株式数が増えて短期的
に株価が下がることが多い。

外的要因（会社外のできごと）の例

景気

経済活動全般の動向のこと。経済活動は会社の利益に直結
するので、株価に影響する（→P182）。

金利

お金を貸し借りするときにか
かる費用のこと。景気ととも
に株価に影響する（→P182）。

政治

生活や経済活動に影響するた
め、株価変動要因になる。例
えば、政府が旅行支援を発表
すると、観光産業などの株価
が上がりやすい。

外国為替相場

外国の通貨と自国の通貨の交
換比率のこと。株価に影響す
る（→P184）。

天候・災害

経済活動に影響するので、株
価変動要因の1つ。例えば、
猛暑ではビールや扇風機関連
の株価が、災害時には建設関
係の株価が上がりやすい。

株価の動き

業績が悪くても 株価は上がる？

株価には株主の期待感があらわれます。ここでは、期待が株価にあらわれた例を紹介します。

Case 1
串カツ田中

" 予想より悪くない " から上昇！

" 配当金が少なくなる "
とうわさに

実際は「配当予想未定」の発表だったが、うわさを受けて株価は値下がり。

期待を
超えてきた！

2022.10 11

" 配当金は現状維持 "
と発表

1か月後「配当は前期と同額」と発表。期待を超えた結果を受けて、株価が上昇した。

Case 2 オリエンタルランド

コロナショックでも "今後の期待" で上昇！

休園発表後に株価が上昇

新型コロナウイルス感染症の影響で、東京ディズニーリゾートの休園を発表。企業への信頼と再開への期待から株価が上昇。

業績は上がらず、減配だったが株価は上昇

休園や来場者数減少で業績は上がらず、配当金も減配だったものの、ファンを大切にする企業姿勢から株価は上昇し、コロナ前より高値に。

コロナ
ウイルス
が蔓延

コロナ前より
上がっている！

2020.1　2　3　　　　　　　　　　　　　　　　　2023.2

　投資家は業績や景気の変化をいち早くキャッチし「こうなるだろう」と先読みして株を売買します。そのため、実際の業績や景気よりも株価は半年ほど早く変動するといわれています（→ P183）。業績が悪いのに株価が上がりはじめたら、変化の前兆かもしれません。

　ところが、大多数の投資家が同じように考えて行動します。このため、株を買おうと思ったときにはすでに値上がりしていたり、売ろうとしたときにはすでに値下がりしていたりすることも起こります。

　株式投資をするなら、今の株価にとらわれない冷静さが必要です。特に、何らかのブームで株価が上下した場合、すぐに株価が戻ることが多いのです。株には「うわさで買って事実で売る」という言葉があります。投資家の期待が働きそうな情報に、人より先に気づくことが大切です。

すぐに利益を出せる 攻めの短期投資

短期投資は、投資のスタイルの1つです。小さな利益を コツコツと積み重ねていきます。

短期投資という投資スタイルがあります。 値上がり益を狙って、株価が目標の金額 に到達したら売買する方法です。

短期かぁ……。仕事もあるので、頻繁に 取引をするのは難しいかもしれません。

短期といっても、投資期間が1〜5年ほ どのものも含まれます。自分の生活スタ イルや投資目標に合わせて、無理のない 投資スタイルを決めましょう。

株価は短期的に見ると、小刻みに動いて いるから、うまくいけばすぐに儲かるか もしれないですね。

そうですね。短期投資の基本は、値上が り益の積み重ねなので大きく儲けるには 時間がかかりますが、1日に0.5％の値 上がり益でも毎日続ければ、1週間で 3.5％、1か月で10％以上の利益を得ら れます。もっと短期間のデイトレードな どで利益を得る人もいますが、初心者は やめておきましょう。

デイトレード
1日のうちに株を売買 し、利益と損失を確定 する短期投資の手法。 数日〜数週間で行うも のをスイングトレード、 数秒から数分で行うも のをスキャルピングと いう。

短期投資のメリットとデメリット

◎
すぐに利益が出る

短期投資は、主に値上がり益で利益を得る。そのため、配当金や株主優待よりもすぐに利益を得られる可能性がある。大きな利益にはなりにくいが、小さな利益は得やすい。

◎
資産が固定されない

利益も損失もすぐに確定するので、資産が固定されない。そのため、損をしたとしても、次の銘柄に投資しやすく、塩漬け株（→P172）になりにくい。

株を選ぶときは、配当金や株主優待よりも、会社の成長性や勢い、株価が上がるかどうかを重視しましょう。

△ 取引のコストがかかる

取引回数が多くなるので、そのぶん手数料や税金などのコストが増える。コストが利益を超えてしまわないように注意しよう。投資期間は短くても、取引回数が多いと銘柄選びや取引にかかる時間は多くなる。

株式投資②

リスクが少ない 守りの長期投資

投資スタイルの1つで、株をじっくりと育てていきます。
リスクの少ない投資スタイルです。

 投資スタイルの1つである長期投資は、株の長期保有を目的としていて、10年、20年と保有することもあります。

 投資期間が長いと、配当金や株主優待を何度ももらえますね。

 それに加えて、長期的に見ると株価は上昇する企業が多いため、値上がり益も期待できます。配当金と株主優待を定期的にもらえて、株価の動きも短期に比べると安定しているので、リスクが少ないといえます。

 リスクは少ないけど、すぐに儲けたい人には向かないですね。

 私は急いでいないから、長期投資を検討してみようかな。

 長期投資では単利よりも複利がおすすめです。ウォーレン・バフェットさんも、「株の理想の保有期間は永遠だ」といっています。ぜひ検討してみましょう。

単利

最初の元金に対してのみ利息が計算される。

複利

利息を元金に組み入れて、その合計を次の利息計算で元金として計算する。単利と比べると、複利は利息が利息を生むため、長く運用するほど効果が大きくなる。これを複利効果という。

ウォーレン・バフェット

アメリカの投資家、資産家。アメリカの持ち株会社「バークシャー・ハサウェイ」の会長兼CEOを務める。投資資産は世界No.1で、投資の神様と呼ばれている。

長期投資のメリットとデメリット

 **多くのメリットを
受けられる**

配当金、株主優待を受け取る回数が増える。株主優待は長期保有によって、内容がグレードアップする場合も。株価が上がれば、値上がり益も期待できる。

 取引回数が少ない

短期投資よりも取引のコストがかからない。短期投資に比べて、ほったらかしにすることができる。

継続的に成長していく
会社を選びましょう。

△ **資産が固定される**

元金を換金しにくく、現金として利益を得る機会が少ない。株価が下がっている場合、塩漬け株（→P172）になりやすい。

複利効果でもっとプラス

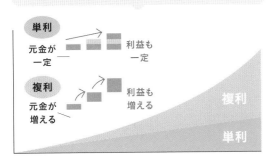

複利は利益が元金にプラスされていくので、得られる利益がどんどん増えていく。単利と比較すると、その差は一目瞭然。期間が長ければ長いほど、複利の効果は大きくなる。長期投資の場合は、複利での利益も狙うとよい。

ズボラさんにおすすめ！

ドルコスト平均法なら ほったらかしでOK

定期的に一定額の株を買い、長期保有で株価の値下がりも味方にする方法です。

株価は毎日変動しているため、購入のタイミングには迷うもの。しかし、銀行に定期預金するのと同じ感覚で、「毎月決まった金額の数量だけ株を買う」方法があります。これがドルコスト平均法です。

ドルコスト平均法は、毎月の購入金額が決まっているので、株価が下がっているときの購入数は多くなり、株価が上がれば購入数も少なくなります。購入は自動引き落としで行われる仕組みなので、手間もかから

ず、手持ちの資金が少なくても小口からはじめられます。株式るいとう（→P31）やつみたてNISA（→P48）もこの1つです。

ドルコスト平均法は、長期投資によって資産を増やす可能性が高く、ほったらかしにできて便利です。しかし、結果が出るまで時間がかかり、一度に大きな利益を得るには不向きなうえ、「毎月20日」など一度決めた購入のタイミングはずらせません。この点には注意しましょう。

定期預金と同じ感覚

期間と金額を設定するだけ

毎月の投資金額や投資期間は、はじめに自由に設定できる。自動つみたてにすると、手間が少なく株価の変動に一喜一憂することもないため、初心者には特におすすめ。

ドルコスト平均法の考え方

一度に買う場合と比べてみると……

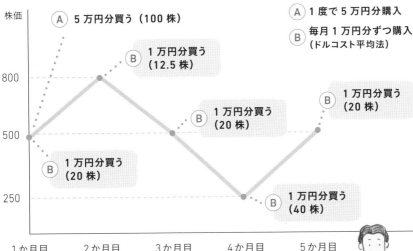

(A) 1度で5万円分購入

(B) 毎月1万円分ずつ購入 (ドルコスト平均法)

A 5万円分買う(100株)

B 1万円分買う(12.5株)

B 1万円分買う(20株)

B 1万円分買う(20株)

B 1万円分買う(20株)

B 1万円分買う(40株)

結果	投資額	株数	5か月目の株の価値
A	50,000円	100株	100株×500円 =50,000円
B	50,000円	112.5株	112.5株×500円 =56,250円

+6,250円

株の利益は、株数×株の価値で生まれます。ドルコスト平均法なら、株価が低いときこそ買える株数を増やせます。

どんな株でも有効？

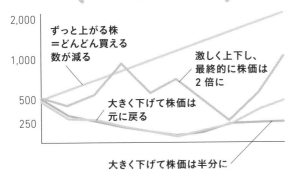

ずっと上がる株=どんどん買える数が減る

激しく上下し、最終的に株価は2倍に

大きく下げて株価は元に戻る

大きく下げて株価は半分に

ドルコスト平均法では、値上がりし続ける株は買える株数が減っていくため、利益を得にくい。左の表の値動きで最も効率よく利益が出るのは、購入時以降株価が値下がりして、売却時に株価が元に戻っている青線の株。

NISA①

NISA を使って 節税しよう

ニ ー サ

NISA は国が進める政策の１つです。NISA を使えば、株で得た利益が非課税になります。

 株で得た利益には、20.315% の税金がかかります。配当金は振り込みがあるたびに、値上がり益は取引ごとに税金が引かれてしまうんです。

 税率が高いですね。せっかくの利益を税金でもっていかれるのは嫌だな……。

 NISA という制度を使えば税率を 0% にすることができますよ。

 ずっと気になっていました。どうやってはじめればいいんですか？

 専用の口座を開設し、その口座を使って株を売買するだけなんです。

 とても簡単ですね！　普通の株取引と変わらないんですか？

 NISA 口座で買える銘柄や投資金額などに制限はありますが、やり方や受けられるメリットは同じです。普通に株式投資をするのと何も変わりませんよ。

税金

株で得た利益には、所得税 15％と住民税 5%のほか、東日本大震災の復興特別所得税が 0.315%（2037 年末まで）かかる。

NISA

（少額投資非課税制度）

Nippon Individual Savings Account の略。イギリスの ISA（Individual Savings Account ＝個人貯蓄口座）をモデルに、2014年から開始。株で得た利益にかかる税金が免除される制度で、金融庁の政策の１つ。

利益にかかる税金が0%になる！

〈株で110,000円の利益が出た場合〉

例

	配当金 10,000円	+	値上がり益 100,000円	=	受け取る利益 110,000円
20.315%の 税率	2,031円		20,315円		税金 −22,346円
	7,969円		79,685円	=	受け取る利益 87,654円

NISAを使えば……

22,346円（20.315%）が非課税になり
110,000円受け取れます！

専用口座で取引するだけ

NISAを使うためには、NISA口座を開設し、その口座で取引する必要がある。証券会社の口座を開くのと同じ手順で、証券口座と同時に開設することもできる（→P79）。口座開設、維持費は原則無料。

配当金は受取方法に注意！

「株式数比例配分方式」にしないと、NISAでも課税される。証券口座に自動入金される方式で、手間なく確実に受け取ることができる。

**株とNISAをするのは
支払い時にカードを
使い分けるのと同じ**

このカードで
支払おう

2種類のNISAから選ぶ

NISAは主に2種類。2024年からの改正で、どちらの
NISAもグレードアップすることになりました。

 子ども用のジュニアNISAもありますが、
主なものは一般NISAとつみたてNISA
の2つです。

 どんな違いがあるんですか？

 投資対象や非課税保有期間、非課税枠の
金額などが違います。特に、投資対象が
異なるので（→右ページ）、自分に合っ
たものを選びましょう。

 どちらもやってみたいです。同時にはじ
めることはできますか？

 現行法では併用できませんが、2024年か
らの制度改正で、2つのNISAを併用でき
るようになります。そのほか、非課税枠
が拡大し非課税期間も無期限になります。

 国も投資に力を入れているんですね！

 ただ、それぞれのNISA口座はひとり1
つまでです。ひとりでいくつも開設する
ことはできません。

ジュニアNISA
（未成年者少額投
資非課税制度）
0歳から17歳までを
対象としたNISA制度。
非課税枠は年間80万
円まで、1人1口座まで
開設可能。2024年の
制度改正で廃止になる
ので、新規口座開設は
2023年まで。2023年
までに開設した口座
は、開設者が18歳に
なる年の12月31日ま
で利用可能。

一般NISAとつみたてNISA

	一般NISA （2024年から「成長投資枠」に）	つみたてNISA （2024年から「つみたて投資枠」に）
投資対象	国内株・外国株・ 株式投資信託（→P50）など	金融庁が許可した 投資信託のみ
非課税期間	5年間*	20年間*
非課税枠	120万円 （2024年から240万円）	40万円 （2024年から120万円）

 こんな方におすすめ

＊2024年から無期限になる

・株に投資したい
・たくさんの中から選びたい
・まとまった額で投資したい
・好きなタイミングで投資したい

・つみたてで投資したい
・少額からはじめたい
・売買のタイミングを考えたくない

何度も取引をしたい場合や、大きな利益を狙う場合など、つみたて以外の投資をしたい人に向いている。

つみたて投資に興味がある場合。すぐに現金として利益がほしい人には向かない。

Point 1

非課税枠いっぱいまで投資しよう

1年間の非課税枠が決まっており、余った金額分は次の年に繰り越すことができない。非課税枠いっぱいまで投資することで、節税額が大きくなる。

Point 2

期間いっぱいまで投資しよう

現行のNISAはひとり1口座のみ。そのため、口座を開設したら、期間いっぱいまで投資しよう。2024年以降、新NISAに移管（→P70）することで期間を延長できる。

プロにお金を預ける
投資信託のやり方

投資信託 とは

投資信託では、運用のプロが代わりに資産を運用してくれます。安全性の高い投資として人気です。

投資信託（ファンド）で株を買う方法もあります。少額から投資できる方法の1つです。

普通の株とは何が違うんですか？

投資信託では、投資家のお金を預かり、**ファンドマネージャー**が運用します。投資先を分散できるので、リスクを減らすことができます。そのほか、**基準価額**で購入することや利益を**分配金**として受け取ることなどが株との違いです。

プロが運用してくれるのは安心ですね。配当金や株主優待などのメリットも受けられますか？

投資信託では、資産を管理する信託銀行に権限があるので、株主と同じメリットは受けられません。ただ、配当金や換金できる株主優待が分配金に繰り入れられることもあります。また、投資信託は、プロに運用してもらうため、**信託報酬**という手数料もかかります。

投資信託

投資家たちが資金を出し合いプロに運用を任せる投資商品。株には大きく分けてインデックスファンドとアクティブファンドの2つがある（→右ページ）。

ファンドマネージャー

投資信託を運用する専門家。運用方針に従って、分析や売買のタイミングを検討する。

基準価額

投資信託の価格のこと。1日1回、算出された価格が公表される。

分配金

投資信託の収益から投資家に還元するお金。

信託報酬

投資信託の管理・運用費のこと。保有しているだけでも発生する。

投資信託は大きく分けて2つ

\ 初心者におすすめ /

インデックスファンド

◎ 手数料が安い。
放置できる

△ 利益が出るまで
時間がかかる

株価の指数に連動するように運用される。株価が安定していれば、確実に資産を増やすことができる。長期保有に向いており、守りの投資信託。

\ より利益がほしい人 /

アクティブファンド

◎ 短・中期でも利益が
狙える

△ インデックスより
勉強が必要

ファンドマネージャーが分析・運用して、利益が株価指数を上回ることを目指す。攻めの投資信託。インデックスよりも手数料が高い傾向にある。

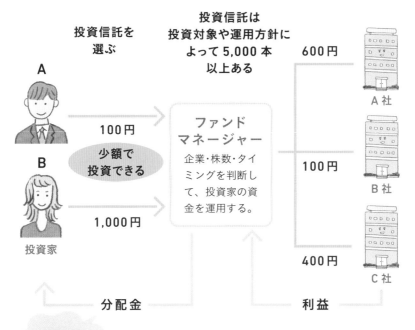

投資信託を
選ぶ

投資信託は
投資対象や運用方針に
よって5,000本
以上ある

600円

A社

A

100円

少額で
投資できる

ファンド
マネージャー

企業・株数・タイミングを判断して、投資家の資金を運用する。

100円

B社

B

1,000円

投資家

400円

C社

分配金

利益

信託報酬が
引かれる

ファンドマネージャーが運用するが、株と同様、証券会社を通じて売買する(→P58)。

インデックス投資

全世界の株を
まとめて買える!?

経済をけん引するトップ企業の株も、まとめて「セット」で買うことができる方法です。

　複数の企業の株価の平均値を「インデックス（株価指数）」と呼びます。インデックスは、企業のグループ分けによって種類があり（→右ページ）、それぞれのグループの値動き全体を捉えることができます。

　このインデックスに連動させる運用スタイルをインデックス投資といいます。インデックス投資では、一企業の株を購入するのとは異なり、そのグループ全体に投資する分散投資となります（→ P136）。このため、投資先が分散されてリスクが少ないうえに、株をはじめたばかりの人が市場全体の動きを勉強するのにも向いています。

　51 ページで紹介したインデックスファンドとは、このインデックス投資を行う投資信託のことです。さまざまな投資信託商品が販売されていますが、なかでも eMAXIS Slim シリーズ* は手数料が安く人気で、取り扱うインデックスファンドには、アメリカのトップ企業で構成される「NY ダウ」や伸びしろに期待できる「全世界型」などがあります。

＼ 一番の手抜きはインデックス投資 ／

"何もしない"のが
成功の秘訣？

「長い目で見れば株は伸びる」という考えから、10 年程度の長期投資が基本。インデックスの特徴をよく知り、一度選んだら、株価が上がるまでひたすら待つのみ。

*投資信託のブランドの1つ。全8種類の株の投資信託を提供している。

✏️ 代表的なインデックス

日経225（日経平均株価）

東京証券取引所（東証）プライム市場上場企業（→P60）のうち、日本の代表的な225銘柄の平均株価を日本経済新聞が算出する。毎年、構成銘柄が見直される。入れ替わりに注目。

― 代表企業 ―
> トヨタ自動車　アサヒ飲料　資生堂

TOPIX（東証株価指数）

流通株式時価総額100億円以上の2,000銘柄をもとに、東証で算出される時価総額加重平均型の株価指数*。

＊ただし、2025年1月までは旧算出基準からの移行措置期間中。

― 代表企業 ―
> 花王　ソニー　パナソニック

NYダウ（ダウ・ジョーンズ工業株価平均）

世界で最も古い株価指数。工業に限らず、アメリカ経済をけん引する名実ともにトップの企業30銘柄の平均株価をもとに算出される。

― 代表企業 ―
> ゴールドマンサックスグループ
> ウォルトディズニー　マクドナルド

S&P500

アメリカの上場企業のうち、現在勢いのある企業から業種などを考慮して500銘柄を選び抜き、平均株価を算出。銘柄の入れ替えが頻繁に行われる。

― 代表企業 ―
> アップル　アマゾン
> マイクロソフト

全米型

経済大国アメリカの上場企業をほぼすべて網羅する約4,000銘柄をもとに算出される株価指数。銘柄数がとても多いのが特徴。

全世界型

先進国や、伸びしろが期待できる新興国を含めた約50か国の企業で算出される株価指数。日本企業を含むものと含まないものがある。

※インデックスの構成銘柄は、必要に応じて入れ替わる。各インデックスの代表企業は2023年4月現在のもの。

信用取引とは

お金がなくても注文できる信用取引

株の売買方法の1つです。通常の現物取引とは違い、借りたお金で投資をします。

せっかく株式投資をやるなら、いろいろな株主優待がほしいと思っていたけど、まずは資産を増やさないといけませんね。

証券会社からお金を借りて、株を買う信用取引という制度もありますよ。

それなら投資の資金を増やすことができますね。詳しく教えてください！

一定の**担保金**を証券会社に預けることで、担保金の約3.3倍までの取引ができる制度です。利用するには、**信用取引専用の口座を開設する必要があります**。

資金が約3.3倍になるということは、利益も約3.3倍になるかもしれませんね。

そうですね。**差金決済**ができるなど、ほかにもメリットはありますが、借りたお金は返さなくてはいけません。また、金利や返済期限に注意が必要なうえ、リスクも約3.3倍になるので、投資に慣れてから利用することをおすすめします。

担保金（委託保証金）
信用取引でお金を借りる際に、証券会社に差し出すお金。担保金の約3.3倍までのお金が借りられる。損失があり、資金が担保金より少なくなると、不足分の支払いが発生する（追加保証金（追証））。

差金決済
ある会社の株を買って、同じ日のうちにその会社の株を売ること。通常取引では差金決済は禁止されているが、信用取引では禁止されていない。

信用取引は2種類から選ぶ

一般信用取引

お金貸して

担保金＋金利 →

← 資金・株

投資家　　　　　　証券会社

証券取引所による制限が少ない取引。投資家と証券会社の間だけで信用取引が完成するため、投資家にとっては自由度が高い。返済期限は、原則3年。

制度信用取引

お金貸して

担保金＋逆日歩（ぎゃくひぶ）

お金貸して

担保金＋金利 →

資金・株

資金・株

投資家　　　　証券会社　　　証券金融会社

証券会社の資金や株が不足したとき、証券会社は証券金融会社から借りて投資家に資金や株を貸し出す。そのため、投資家は証券会社に調達費用として逆日歩（品貸料（しながしりょう））を支払う。返済期限は原則6か月。

メリット

- 資金を3倍にできる
- 1日の間に同じ銘柄を何度も取引できる
- 売りから取引できる

元金が増えるので大きな利益を狙える。先に株を売ってお金をもらい、下落したら買い戻して差額分の利益を得る方法（空売り）もできる。

デメリット

- 手数料が高い
- 別途コストがかかる
- 損失も3倍の可能性

通常の取引に比べて、手数料が高い。また、取引手数料のほかに金利や逆日歩、管理費などのコストがかかる。リスクも大きくなる。

Q

"投機"と"投資"は 何が違うんですか?

A

投機は機会(チャンス)に、投資は次の お金を生み出すためにお金を投じます。

投機と投資。この2つは似て非なるものです。

投機の「機」は機会・チャンス。よいチャンスが訪れたらお金を投じることで、例えばパチンコなどは投機といえます。チャンスは偶然訪れるため、投機は必然性にかけるギャンブルのようなものです。成功すれば利益は大きいですが、よく見極めないと大失敗に終わる可能性もあります。投機では二度と同じ機会がありません。外国為替の変化を利用するFXも、投機性が高いものです。

一方、投資の「資」は財産そのもの。明日のお金を産むために、今あるお金を何かに投じる

ことです。投資することで企業や社会の成長を応援し、成長した分を「明日のお金」として受け取ることを期待します。投資にもリスクはあり、リーマンショックやコロナショックのように、大きく株価が下がる時期もあります。それでも長期的に見ると株価は右肩上がりの成長を続けており、リスクが少ないと考えられます。

投機は「一攫千金狙い・成長性、再現性がない」。投資は「社会的価値を生む・成長性、再現性がある」といえるかもしれません。株式"投資"では、社会的価値や成長性がある株を選ぶようにしましょう。

第 **2** 章

株取引の第一歩
<u>証券口座を</u>
開設しよう

株の売買には、証券会社の口座が必要です。
「証券会社とは何か？」から証券口座の開設ま
で詳しく紹介します。

スマホや
パソコンで
簡単に
できるよ

株は証券会社を通じて売買する

株取引には、株主と株式会社だけでなく、証券会社と証券取引所が関わっています。

株はどこでどうやって買うんでしょうか？

株は証券取引所に集められています。私たちは証券会社を通じて、証券取引所から株を買うことができます。

じゃあ、株の注文は証券会社にするんですね。

そうです。そのためにまずは、証券会社に口座を開きましょう。無料で開設できますよ（→P76）。

証券会社には、店舗があるものとネットだけのものがありますね。どちらがよいでしょうか？

取引に関して相談したり、アドバイスを受けたりしたいなら店舗型証券会社を、気軽にネット上で取引をしたいならネット証券会社を選びましょう。証券会社によって手数料や取引時間、取り扱う銘柄が異なり、それぞれ特徴があるんですよ（→P64 ～ 67）。

証券取引所
株を売買する専門の場所。投資家同士で売買するのではなく、証券取引所が世界中の注文を集めることで、株取引を円滑にしている。株取引の公平性や安全性のため、取引の監視や会社の審査も行う。

証券会社
株などの有価証券の売買取次ぎなどを行っている会社のこと。

手数料
取引手数料など、株の売買にかかるお金。証券会社に支払う。

株取引の仕組みを知ろう！

**お金のやりとりは
証券会社の口座で**

証券会社の口座から、株の代金や手数料を支払う。株を売ったときの代金も振り込まれる。配当金の受け取りや税金の支払いも可能。

買いたい

売りたい

証券会社に株の買い注文・売り注文をする。注文は証券会社の窓口やネットから。

注文

証券会社

投資家と証券取引所を仲介する。

店舗型証券会社

主に対面で取引を行う。専門知識を持った担当者がつき、情報提供を受けて注文する（→P64）。

ネット証券会社

ネット上で取引を行う。投資家が自分で情報収集し、銘柄を決めて株を注文する（→P66）。

取引

証券会社が個人投資家の注文を取りまとめて、証券取引所に注文・取引を行う。

証券取引所

株の注文をまとめる市場。日本には4つあり、それぞれ取り扱う銘柄が異なる。証券会社を通じて、他国の証券取引所と取引することもできる。

例）

| 東京証券取引所（東証） | 名古屋証券取引所（名証） | 福岡証券取引所（福証） | 札幌証券取引所（札証） | アメリカ・ニューヨーク証券取引所（NYSE） |

株の発行・審査

株式会社

株式会社は株を発行し、証券取引所の審査を受ける。審査に通過すると、株が証券取引所で取り扱われる。

買える株と
買えない株がある

ほしい株があっても、その会社が上場していないと、
株を買うことはできません。

株式会社には、上場企業と非上場企業が
あります。一般の人が証券口座を通じて
購入できるのは、上場企業の株のみです。

上場しているかどうかは、どうやって確
認するんですか？

上場企業には4桁の銘柄コードが付され
ています。会社のホームページなどで確
認できますよ。同時に、上場している市
場も確認しましょう。東証の場合は、上
場の条件によって3つの市場があり（→
右ページ）、例えば、グロース市場は比
較的小規模なベンチャー企業が多い市場
になっています。

外国株を買うときは、他国の証券取引所
と取引をするんですか？

基準を満たせば、複数の市場に上場でき
るので、日本の証券取引所に上場してい
る外国株もあります。でも、銘柄数が少
ないので、証券会社を通じて他国の証券
取引所と取引する場合が多いですね。

上場企業
株が証券取引所で取引
されている会社のこと。

非上場企業
株が証券取引所で取引
されていない会社のこ
と。日本では約99％が
非上場企業。

買える株は2種類！

上場株

上場企業の株。日本では約3,800社が上場しており、上場企業は年々増加している。上場基準を満たさなくなった場合は上場廃止になり、証券取引所での売買ができなくなる。

新規公開株（IPO株）

新しく上場する会社の株のこと。上場の前に抽選で売り出される。上場後は株価が急上昇することが多く、値上がり益を狙いやすい。IPO株を取り扱う証券会社は限られる。

どの市場に上場するかで特徴がわかる

例 東京証券取引所

日本の上場企業の約99%を取り扱う。
市場の規模は世界No.3。

プライム市場

上場基準が最も厳しい。世界で活躍する会社が集まっている。流動性が高く（→P27）、収益が安定している会社が多い。

例：トヨタ自動車、任天堂など

スタンダード市場

プライム市場ほど会社の規模は大きくないものの、流動性が高い。継続的に成長し、収益も安定している会社が多い。

例：日本マクドナルドホールディングス、セリアなど

グロース市場

比較的若い会社や新しいビジネスを行う会社が多い。なかには売上が赤字の会社もあるが、高い成長率が期待できる。

例：UUUM、弁護士ドットコムなど

低い ←————————————————————————→ 高い
投資のリスク

市場の分け方や上場基準、名称は証券取引所によってさまざまです。

※2023年4月現在。

取引できる時間が
決まっている

株は平日の日中に取引が行われます。しかし、休日や早朝、
夜間に取引する方法もあります。

株は証券取引所の営業時間内、つまり平
日の昼間しか取引ができません。これを
立会時間（たちあい）といいます。

立会時間
前場（ぜんば）（午前立会）と後
場（ごば）（午後立会）に分け
られ、前場は午前9時
から午前11時30分まで、
後場は午後12時30分か
ら午後3時まで。

株価も取引があるその時間内しか動かな
いということですね。

平日の日中は仕事があるので、取引する
のは難しいかもしれません……。

すぐに売買はできませんが、取引時間外
でも注文しておくことはできます。注文
の受付時間は証券会社によるので、確認
しておきましょう。また、PTS（ピーティーエス）という
私設取引システムを利用すれば、時間外
でも取引できますよ。

PTS
（私設取引システム）
証券取引所ではなく、
私設市場を介して株を
取引するシステムのこ
と。ジャパンネクスト
PTS（JNX）という市場
が代表的。一般の取引
とは市場が違うので、
証券取引所とは0.1円
〜数円単位で株価が異
なる。JNXのホームペー
ジか、PTSに対応し
ている証券会社の銘柄
情報から株価などを確
認できる。

朝も夜も取引ができるなんて、便利です
ね！

注文方法は一般的な株取引と同じです。
ただ、PTSができる証券会社は限られま
す。ネット証券会社で可能な場合が多い
ので確認してみましょう。

証券取引所の営業時間

東京証券取引所の場合

株を取引できるのは証券取引所の営業時間内のみ。東京証券取引所の営業時間は、平日の午前9時〜15時で、途中1時間の昼休みを挟む。土日祝日は休み。

11:30　12:30

前場
（午前の取引時間）

後場
（午後の取引時間）

9:00 ―　　　　　　　　　― 15:00

※名古屋・札幌・福岡証券取引所は15:30まで

PTSを使えば夜間も取引できる

SBI証券の場合

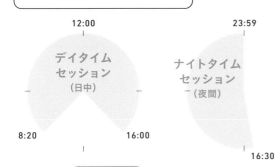

12:00

デイタイム
セッション
（日中）

23:59

ナイトタイム
セッション
（夜間）

8:20　　　　　16:00

16:30

証券会社が私設取引市場に取り次ぐ。証券取引所を介さないため、朝や夜間にも取引ができる。PTSができる時間は証券会社による。

メリット

- 取引できる時間が長い
- 手数料が安い
- 先回りして取引できる

一般の取引よりも手数料が安い。株価に影響するできごとがあったとき、証券取引所の営業時間を待たずにすぐに対応できる。

デメリット

- 使える証券会社が限られる
- 取引が成立しにくい
- 取引できる銘柄が限られる

取り扱う証券会社が少ないため、参加者が少なく、流動性リスク（→P27）が高い。取引は証券会社が指定した銘柄のみ。

証券会社の
選び方①

店舗型証券会社は
取引の相談ができる

店舗型証券会社のメリットは、一人ひとりに専門的な知識を持った担当者がつくことです。

取引について相談をしたい場合は、店舗型証券会社で口座をつくりましょう。対面取引では、外務員資格を持った専門家に相談することができます。外務員資格とは、株や債券、投資信託などを案内・勧誘するために必要な資格です。

はじめてだとわからないことが多いし、専門家に相談に乗ってもらえるのは安心ですね。

一人ひとりに担当者がついて、投資の目的に沿った株取引ができるよう、親身になってくれますよ。口座開設の前に、相談に行ってみるのもよいと思います。

手続きもしてくれるから、ネットが苦手な人も安心ですね。でも、証券会社ってハードルが高く感じて、店舗に入りにくいです……。

確かに入りにくく感じるかもしれませんが、気軽に入っていっていいんですよ。歓迎されるはずです。

対面取引
証券会社の店舗窓口で取引をすること。電話で注文をする電話取引や、担当者が自宅に訪問する訪問取引も含まれる。

外務員資格
資格取得には日本証券業協会が実施する外務員試験に合格し、外務員登録をする必要がある。外務員資格には一種と二種がある。一種はリスクの高い信用取引などの案内や勧誘ができるが、二種は一種と比べて取り扱い商品が限定されている。

店舗型証券会社の特徴

◎ 専門家に相談できる

専門知識が豊富な担当者がつく。口座開設から銘柄選びなど、投資について何でも相談できる。ただし、担当者によっては知識や意見に偏りがあることも。最終的な判断は自分で行おう。

◎ 取り扱い銘柄が豊富

店舗型証券会社は、ネット証券会社に比べて扱う銘柄が豊富。外国株やIPO株（→P61）の取り扱いも充実している。銘柄が豊富だと、選択肢が増えるので、自分に合った条件の株を選びやすい。

では、○○社はいかがでしょう。いくつか資料をお見せしますよ。

◎ 安心感がある

専門家に相談できるほか、口座開設や売買などの手続きも行ってくれるので、ネットが苦手な人でも安心。また、店舗型には老舗の大手証券会社が多いので、セキュリティ面などの信頼度も高い。

一方、こんなデメリットも……

△ 手数料が高い

担当者がつくため、ネット証券会社に比べて手数料が高い。少額で投資する際は、手数料が高くなってしまわないように注意が必要。

△ すぐに取引できない

店舗の窓口に行く時間など、注文するまでに時間や手間がかかる。すぐに取引したくてもタイムロスが生まれてしまう。

ネット証券会社は
手数料が安くて便利

銘柄選びや時間の自由度が高く、手軽なことがネット証券会社のメリットです。

ネット取引をしたい場合は、ネット証券会社の口座を開きましょう。

ネットを使って自分で取引するのは難しくないんですか？

パソコンやスマホから、ネットショッピングのように簡単に株を注文することができますよ。

店舗型より手軽ですね。

ネット証券会社は、単元未満株取引（→P31）やポイント投資に力を入れている会社が多いです。また、手数料が安く投資にかかるコストを抑えることができます。

少額からはじめて、練習するにはよいですね。

店舗型証券会社でも、対面取引だけでなくネット取引を実施しているところもありますよ。また、スマホ証券もあるのでチェックしてみましょう。

ネット取引
パソコンやスマートフォンを使って、ネット上で株を取引すること。

ポイント投資
買い物などで貯まったポイントを使って投資すること（→P68）。

スマホ証券
口座開設から株の売買など、一連の流れがすべてスマートフォンだけでできる証券サービスのこと。取り扱い銘柄は少ないが、単元未満株や少額取引に特化している（→P73）。

066

ネット証券会社の特徴

◎ 手数料が安い

対面取引と違って担当者がつかず、自分で取引を行うため手数料が安い。1回の取引が100万円以下なら、手数料は無料のことが多い。少額で投資の練習をしたい場合に向いている。

◎ 単元未満株取引が多い

店舗型証券会社に比べて、単元未満株取引（→P31）に力を入れている会社が多い。株数が少ないと利益も少ないが、手数料が安いので単元未満で株を取引しても、コストを抑えることができる。

◎ 好きなタイミングで 注文できる

手元にパソコンかスマートフォンがあれば、いつでも株を注文することができる。ほとんどの会社で24時間注文を受け付けている。また、PTSができる証券会社の場合は朝や夜間も取引でき、時間の自由度が高い。

ネットでの注文方法はP142で解説しますよ。

専用サイトや分析ツールで簡単に調べられる！

△ 担当者がつかない

自分で情報収集をしなくてはならない。店舗型に比べて、多くの知識が必要。証券会社からのセールスはないので、銘柄選択の自由度は高い。

△ 注文リスクがある

自分で注文手続きをするので、ボタンを押し間違えるなど、注文時の間違いが多い。また、セキュリティや回線など、ネット環境によるリスクもある。

お金を失うリスクゼロ！

貯めたポイントで投資ができる

買い物などで貯めたポイントがあれば、低いリスクで投資を体験できます。

　普段の買い物でもらえるポイントを利用した「ポイント投資」が、数年前から急速に拡大しています。お金ではなく、ポイントで投資ができるので、リスクが低いのが大きなメリットです。

　ポイント投資には、ポイントを現金代わりに使う「ポイント投資型」と、証券会社に口座がなくても楽しめる「ポイント運用型」があります。ポイント投資型では、一般的な投資と同じように配当金や株主優待を受けられます。一方、ポイント運用型では、投資によってポイント数が増減します。投資に回すと利用期限がなくなることもあり、失効間近なポイントの有効活用にもなります。

　ポイントを使った投資は初心者にもハードルが低いので、本格的な投資をはじめる前の練習にもよいでしょう。まずは自分の保有するポイントが投資に使えるかどうか確認するとともに「投資型」と「運用型」のどちらのタイプなのかや、ポイントと提携している証券会社も確認してみましょう。

投資に使える主なポイントと証券会社

ポイント名	証券会社
楽天ポイント	楽天証券
dポイント	SMBC日興証券（日興フロッギー）
Tポイント*	SBI証券
Pontaポイント	auカブコム証券、SBI証券

＊2024年春からVポイントと統合予定。

ポイントで投資する方法は2つ

ポイント投資型

ポイントを現金化

ポイント → お金

運用 → (株) → **利益** → お金

現金として もらえる

証券会社の 口座が必要

ポイントサービスと連携する証券会社の口座を開設し、購入するときにお金代わりにポイントを使う。投資対象が限定されている場合が多い。

リアルな投資を 楽しみたい人向け

ポイントは現金の代わりなので、現金で売却益を得られる。また、株主優待なども一般的な投資と同じ。NISA（→P46）対応のポイント投資も。

ポイント運用型

ポイントの まま運用

ポイント → (株) → **利益** → ポイント

ポイントとして もらえる

証券会社の 口座が不要

口座開設の手間がなく、投資運用の疑似体験としてゲーム感覚ではじめられる。投資で得た利益はポイントとして還元される。

ほったらかして 楽しみたい人向け

株や投資信託の運用コースを選んでポイントを投資するだけ。運用はおまかせなので、ほったらかして値上がりするまで待つのみ。

証券会社の
選び方③

迷ったら口座を
複数開いてみよう

証券会社を1つに絞れないなら、いくつか口座を開設して、使いやすい口座を見つけましょう。

証券会社もたくさんありますね。どの証券会社にするか迷ってしまいます。

迷っている場合は、資料請求をしたり、わからないことを店舗やコールセンターで聞いてみたりするのもよいですよ。

僕は対面取引にするか、ネット取引にするかでも迷ってしまいます。

証券口座は1つに絞らなくても大丈夫です。口座開設も維持費も原則無料なので、気になる証券会社の口座をいくつか開いてみましょう。

でも、証券会社によって使いやすさが違うんですよね。買った後に、もっといい証券会社が見つかるかもしれないし……。

取引開始後でも、ほかの証券口座に株を移管（いかん）できますよ。無料でできる場合が多く、税金がかからずに取得価額で移せるので、一度売って買い戻すよりも費用を抑えることができます。

移管
預け替えともいう。持っている株や投資信託をほかの証券会社の口座に移動させること。移管先の証券口座を持っていて、移管対象の銘柄の場合に移動できる。取引をするわけではないので手数料や税金がかからず、いったん売って買い戻すよりもお得。また、保有期間（→P20）も継続できる。

取得価額
株を買ったときの金額のこと。購入後の値上がりや値下がりを考慮しない金額。

証券会社を選ぶポイント

☑ 取引方法（(対面取引) or (ネット取引)）
☑ 手数料はいくらか
☑ 売買したい株を取り扱っているか

自分に
合わせて
チェック！

☑ 100株以下で取引できるか
☑ PTS（→P62）ができるか
☑ ポイント投資ができるか など

まだ売買したい株が
ない場合は、
取り扱い数が多い
ところがおすすめ！

口座は使い分ければOK！

Point
① いいとこ取りができる

株の情報が見やすかったり、手数料が安かったり、証券会社によって特徴はさまざま。いくつかの証券会社からお気に入りの証券会社を見つけよう。

Point
② IPO株の当選率が上がる

IPO株（→P61）に応募できるのは1つの証券口座につき1度まで。複数の口座を持っていれば、応募母数が増えるので当選率が上がる。

**分けすぎには
注意しよう**

証券会社の口座を分けすぎて、どこでどの銘柄を保有しているかわからなくなることも。パスワードなどの管理も大変になるので、メインで使う証券会社を決めておくとよい。

取引手数料は
A社が安いな

使いやすいのは
B社かな

特徴はさまざま

あなたに合う
証券会社はどこ？

代表的な証券会社の特徴を比較し
てみましょう。3つの分類ごとの
特徴も見えてきます。

＼ 主な店舗型証券会社 ／

※◎＝取り扱いあり／△＝取り扱いが少ない・一部のみ／✕＝取り扱いなし
※単元未満株の後の（　）内は各社の単元未満株の取引サービス名。

野村證券	SMBC日興証券
◎ IPO株　　◎ 米国株	◎ IPO株　　◎ 米国株
◎ 単元未満株（まめ株） ※ネット取引のみ可能	◎ 単元未満株（キンカブ） ※ネット取引のみ可能
手数料 20万円まで＝1回2,860円 50万円まで＝1回2,860円〜	手数料 100万円まで＝1回5,500円〜
✕ 夜間取引（PTS）	✕ 夜間取引（PTS）
1925年創業の大手証券会社。IPO株と外国株の取り扱い数が多い。コールセンターなどのサポート体制が整っている。	野村證券、大和証券とともに三大証券会社といわれる。取引スタイルによっていくつかコースがあり、総合コースなら対面取引もネット取引も可能。

**ネット取引なら
1株からOK**

「野村ネット＆コール」という
ネット専用口座もある。手数料
は1回152円〜。ネット取引な
ら「まめ株」で1株から購入で
きる。

**ネット取引なら
100円から購入できる**

ネット取引専用のダイレクトコ
ースの場合、手数料は1回137
円〜。「キンカブ」では好きな
金額か株数を指定して100円か
ら購入できる。

主なネット証券会社

SBI証券

◎ IPO株　◎ 米国株
◎ 単元未満株（S株）

手数料（アクティブプランの場合）
100万円まで＝1回0円
200万円まで＝1回1,238円

◎ 夜間取引（PTS）

ネット証券会社最大手の1つ。銘柄数が多く、IPO株の取り扱い数も多い。米国株のほかに中国株やロシア株など9か国の外国株を取り扱う。「S株」で1株から購入できる。

楽天証券

◎ IPO株　◎ 米国株
◎ 単元未満株（かぶミニ）

手数料（いちにち定額コースの場合）
100万円まで＝1回0円
200万円まで＝1回2,200円

◎ 夜間取引（PTS）

株取引で、楽天グループで使える楽天ポイントが貯まる。無料の「マーケットスピード」という高機能取引ツールが人気。分析や情報収集に便利で、これを目当てに開設する人も。

※手数料プランがいくつかあるため、それぞれ一番安いプランを表示。

主なスマホ証券

LINE証券

△ IPO株　× 米国株
◎ 単元未満株（いちかぶ）

手数料
5万円まで＝1回55円
10万円まで＝1回99円

◎ 夜間取引（PTS）

SNSサービスのLINEが運営。株の情報がLINEで届くなど、スマホ世代になじみやすいサービスが豊富。「いちかぶ」では1,500銘柄以上を取り扱う。

PayPay証券

△ IPO株　◎ 米国株
◎ 単元未満株

手数料
取引価格の0.5%

× 夜間取引（PTS）

スマホ決済サービスのPayPayが運営。1,000円以上で金額を指定し株を購入する。個別株の取り扱いは東証の一部の銘柄のみ。投資信託のコースが豊富。

※2023年4月現在。

口座の種類

面倒な税金の手続きは証券会社におまかせ

口座の種類によって税金の支払い方法が異なります。
自分に合う口座を開設しましょう。

証券会社には3種類の口座があり、税金の支払い方が異なります。口座開設の際に種類を選ぶので、決めておきましょう。

株で得た利益には所得税と住民税がかかるんでしたね（→P46）。口座によってどんな違いがあるんですか？

口座には、一般口座と特定口座の源泉徴収ありとなしがあります。一般口座は自分で1年間の損益計算をし、確定申告をして税金を納めます。

確定申告をするのは面倒だなぁ……。

その場合は、「特定口座の源泉徴収あり」にしましょう。証券会社が源泉徴収してくれるので、確定申告が不要です。ただ、給与以外で得た利益は年間20万円未満なら所得税が免除されるのですが、「特定口座の源泉徴収あり」だと自動的に税金が引かれてしまいます。「一般口座」か「特定口座の源泉徴収なし」なら節税できますよ。

所得税

個人の所得にかかる税金。株で得た利益には15％課税される。給与以外で得た利益が20万円未満の場合は免除。

住民税

住んでいる都道府県・市区町村に納める税金。株で得た利益には5％課税される。得た利益が20万円未満の場合でも免除されないので、納付先の地域に合わせて申告が必要。

源泉徴収

お金を支払う側が、納付者（受け取る側）にお金を渡す前に、税金を差し引いて国に納めること。

口座の種類を選ぼう

一般口座

証券会社から送られてくる取引残高報告書や取引報告書をもとに、自分で1年間の売買損益を計算し、年間取引報告書を作成する必要がある。

特定口座

証券会社が1年間の売買損益を計算し、年間取引報告書を作成してくれる。そのため、自分で損益計算をしなくてOK！

おすすめ！

源泉徴収なし

証券会社が作成した年間取引報告書をもとに税金を納める。年間の利益が20万円未満の場合は確定申告は不要。

源泉徴収あり

利益が出るとその都度、税金が引かれる。ただし、年間の利益が20万円未満でも税金が引かれ、過払い分は戻ってこない。

確定申告が必要

年間取引報告書をもとに、年間の利益が20万円以上の場合は確定申告を行う（住民税については20万円未満の場合も申告が必要）。書類を作成・提出して納税する。確定申告の方法は国税庁のホームページを見てみよう。

確定申告は不要

証券会社が源泉徴収を行ってくれるので、確定申告は不要。しかし、2社以上の証券会社で取引をしている場合や、取引によって損失が出ている場合などは、確定申告をすると支払った税金が戻ってくることも。

店舗もネットも
口座開設は気軽にできる

証券会社の口座開設に必要なものは2つだけ。簡単に
口座を開設できます。

 口座を開設するにあたって、何を準備したらよいですか?

 口座開設にはマイナンバーと本人確認書類が必要です。店舗型証券会社もネット証券会社も必要なものは同じですよ。

 準備するものは2つだけなんですね! どうやって開設するんですか?

 口座開設には❶ネットで開設、❷郵送で開設、❸窓口で開設、の3つの方法があります。どの方法も簡単ですよ。特にネットで開設する場合は、スマホ1つで申請できるのでとても手軽です。

 それはいいですね! 口座開設後、いつから取引できるようになるんですか?

 証券口座の申し込み後、審査が終了すると、口座番号などが記載された口座開設完了の通知を受け取ります。その後、証券口座に入金すれば、すぐに取引できますよ。

マイナンバー
国民一人ひとりに割り当てられる番号。口座開設には、マイナンバーがわかる書類が必要。

本人確認書類
運転免許証、住民基本台帳カード、住民票の写し、健康保険証、印鑑証明書、パスポートなどが当てはまる。顔写真が付いていれば、提出は1つだけでOK。

審査
本人かどうかなどを確認する審査。

口座の開設方法は3通り

必要な書類は2つ

マイナンバー　　本人確認書類

本人確認書類に顔写真がないと、複数の書類が必要な場合も。提出書類の組み合わせは、各証券会社のホームページで確認しよう。

**スマホなら
最短即日！**

❶ネット

スマホかパソコンがあり、ネット取引をしたい場合。店舗型証券会社でも、ネット取引の場合はネットで口座開設可能。

基本情報を入力
⇩
必要書類の
撮影・提出
⇩

❷郵送

書類に必要事項を記入して、提出書類と一緒に送る。ネット型、店舗型どちらの証券会社でも選択できる。

提出書類の申請or印刷
⇩
書類を記入し
必要書類を郵送
⇩

❸窓口

店舗型証券会社に限る。ネット取引も行っている証券会社は、ネット取引で使う口座も一緒に開設できる。

来店予約（電話orネット）
⇩
必要書類を持って
行き、窓口で手続き
⇩

審査

⇩

完了通知・初期設定

メールか郵送で完了通知を受け取る。窓口ならその場で受け取ることも。完了通知には口座番号など取引に必要な情報が記載されている。初期設定を行い、証券口座に入金すると取引ができるようになる。

スマホで簡単

証券口座を開設しよう

スマホでもパソコンでも、同じように証券会社の口座を開設できます。

証券口座の開設は株取引の第一歩です。さっそく開いてみましょう。ここでは、SBI証券を例に、口座開設の手順を解説します。

例 SBI証券

①「SBI証券　口座開設」で検索。口座開設画面に進む

② メールアドレスの登録 ……▶ **③** 認証コードの入力

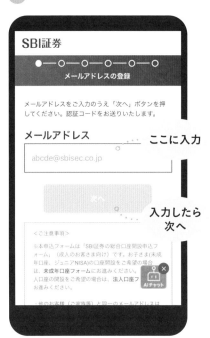

証券会社からの通知や情報が届くので、使いやすいアドレスを登録しよう。

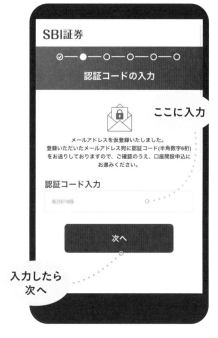

②で登録したメールアドレスに認証コードが届く。

④ 個人情報の入力 ········►

入力・選択する

お名前

| 姓 / last name | 名 / first name |

| セイ / last name | メイ / first name |

生年月日

1975年(昭和50年)

月　　　　　　日
－　　　　　　　－
(--歳)

性別

○ 男性　　　○ 女性

入力すること

- ●国籍　　●名前　　●生年月日
- ●性別　　●電話番号　●住所

⑤ 口座を選ぶ（→P74）

特定口座

取引等で利益が発生した場合には、納税が必要となります。3パターンの納税方法がございます。

● 開設する
（源泉徴収あり。原則確定申告が不要）

○ 開設する
（源泉徴収なし。確定申告が必要）

おすすめ

○ 開設しない
（確定申告が必要。ご自身で損益計算する）

「SBI証券に任せる」をご選択いただくと、「特定口座（源泉徴収あり）」で口座開設し、SBI証券の取引で発生した所得税・住民税を代行納付します。ご自身での確定申告は原則不要です。
「特定口座」とは、お客さまが確定申告をなさる際に必要な書類を当社がお客さまに代わって作成したり、納税を代行したりするサービスです。

特定口座の開設で迷ったらこちらを参照ください。

3つから選ぶ

口座の種類によって税金の支払い方が異なる。確定申告をしたくない場合は、特定口座の「源泉徴収あり」を選ぶ。

⑥ その他サービスの選択

同時に開設するならどちらかを選ぶ

NISAの選択

● ①つみたてNISAに申し込む（無料）

○ ②一般NISAに申し込む（無料）
※2023年で終了予定

○ ③申し込まない
／他社から乗り換える
（口座開設後にお手続き※）

後から開設でもOK

「つみたてNISA」と「一般NISA」の併用はできません。

NISA（→P46）口座を取り扱っている証券会社なら、同時に開設できることが多い。ほかにも、資料請求や提携している銀行の口座開設、ポイントサービスなどを申し込むことができる。不要の場合は×を選んで進めばOK。

⑦ 規約に同意する ········►

⑧ 入力内容の確認 ········►

⑨ 開設方法を選ぶ（→P76）　　**⑩ ユーザーネームと パスワードを保存**

郵送の 場合

どちらかを 選ぶ

口座開設方法の選択

まだ口座開設申込は完了しておりません。
最後に口座開設方法を選択いただき、口座開設
申込が完了となります。

※外国籍のお客さまは「外国籍の方はこちらに
チェックをつけてください。」にチェックをし
たうえで、「郵送で口座開設」のご選択をお願
いいたします。

ネットで口座開設 / 郵送で口座開設

本人確認書類を ネットで提出　　**郵送で 提出**

口座開設申込の完了

この後の 手続きで 必要！

受付番号	
口座番号	
ユーザーネーム	次の手続きに必須
ログインパスワード	次の手続きに必須

※スクリーンショットなどで保存された場合、お取り扱いに
はご注意ください。

☑ 保存しました

次へ

ネットの場合

⑪ 本人確認書類の提出

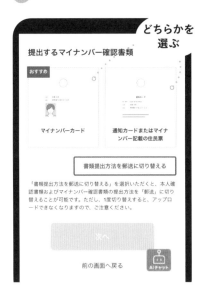

どちらかを 選ぶ

提出するマイナンバー確認書類

おすすめ

マイナンバーカード / 通知カードまたはマイナ
ンバー記載の住民票

書類提出方法を郵送に切り替える

「書類提出方法を郵送に切り替える」を選択いただくと、本人確
認書類およびマイナンバー確認書類の提出方法を「郵送」に切り
替えることが可能です。ただし、1度切り替えると、アップロ
ードできなくなりますので、ご注意ください。

次へ

前の画面へ戻る

どちらかを 選ぶ

提出方法

本人確認書類およびマイナンバー確認書類の提出方法をご選択く
ださい。お手元に書類がある場合には、「手元にあり、スマホカ
メラで撮影して提出」がおススメです。

簡単

最短でお取引可能

手元にあり、
スマホカメラで撮影して
提出 / 保存した書類で提出

書類があり すぐに撮影 できる場合　　**フォルダに すでに写真が ある場合**

スマホで撮影が簡単

手元に書類があるなら、ガイドに従っ
て撮影するだけなので簡単。注意事項
も出てくるので、提出書類が見にくい
などによる再提出を防ぐことができる。

⑫ 職業入力

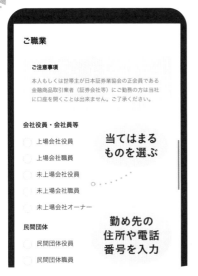

ご職業

ご注意事項

本人もしくは世帯主が日本証券業協会の正会員である金融商品取引業者（証券会社等）にご勤務の方は当社に口座を開くことは出来ません。ご了承ください。

会社役員・会社員等

○ 上場会社役員
○ 上場会社職員
○ 未上場会社役員
○ 未上場会社職員
○ 未上場会社オーナー

当てはまるものを選ぶ

民間団体

○ 民間団体役員
○ 民間団体職員

勤め先の住所や電話番号を入力

当てはまらない場合はそのまま次へ
（後から登録でもOK）

⑬ インサイダー登録

タップして対象者かどうか確認

インサイダー登録

ご本人またはご世帯主が上場会社に勤務されている場合、インサイダー登録が必要です。該当しない場合は次へお進みください。

インサイダー登録の対象者とは ∨

会社1 会社名/証券コード

[会社名/証券コード]　[検索]

会社1 内部者区分

[選択してください]　⬍

登録する会社を更に追加する

次へ進む

インサイダー取引（→P120）を防ぐための手続き。上場企業の役員やその配偶者などは登録が必要。

⑭ 出金口座の登録

金融機関名

[三井住友銀行]　[再選択]

本・支店名

[(248) 千住支店]

預金種別

◉ 普通　　○ 当座　　○ 貯蓄

口座番号（半角）

[1234567]

入力した金融機関に出金できるようになる
（後から変更もOK）

⑮ 取引プランの選択

手数料のプランを選ぶ。取引プランは後から変更も可能。

⑯ 投資に関するアンケート

⑰ 申し込み完了！

郵送の場合は本人確認書類を郵送して申し込み完了。

⑱ 審査後、開設完了通知が届く

⑩の情報でログイン・初期設定をすれば取引準備は完了！

初心者にもおすすめ！

外国株を買うなら まずは米国株から

日本と結びつきが強いアメリカなら、情報を入手しやすく、おなじみの企業もたくさんあります。

　株は知っている会社、あるいはサービスを体感している会社に投資するのが鉄則です（→ P86）。外国株に投資するときもこれは同じ。外国株を買うなら、まずは誰もが知る米国企業からはじめましょう。

　ITトップ企業の「GAFAM*」は、グループ5社の時価総額合計が1,000兆円と、日本の全上場企業約3,800社の時価総額合計710兆円を上回り、大きな影響力を持っています。すでに大きなGAFAMに、こ

れ以上の成長は見込めないと思うかもしれませんが、そんなことはありません。急速に身近になりつつあるウェアラブルデバイスや医療へのAI活用など、新たなビジネスに出資しています。GAFAMはさらなる市場規模拡大を目指しており、伸びしろは十分にあるのです。

　外国株の購入には専用の口座が必要です。また、右ページで紹介するメリットとデメリットを押さえてからはじめましょう。

米国株は上がり続けている

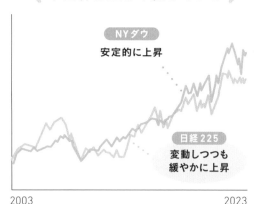

NYダウ
安定的に上昇

日経225
変動しつつも緩やかに上昇

2003　　　　　　　　　　2023

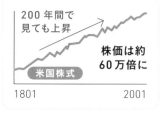

200年間で見ても上昇

米国株式

株価は約60万倍に

1801　　　　　　　　　2001

アメリカの経済学者ジェレミー・シーゲルは「株は200年間、持続して成長している」という。確かに日米の株はどちらも成長を続けており、市場の大きな米国株の方が安定し、値上がり方も大きい。

＊グーグル、アップル、フェイスブック（メタ）、アマゾン、マイクロソフトの頭文字。

米国株の特徴

1株単位で買える

日本株のように100株単位などの売買ルールはなく、1株単位から購入できる。そのため、有名な企業の株でも買いやすい。

値上がり益が高い

アメリカは世界一の経済大国。今後成長しそうな会社を予測して投資すれば、値上がり益も高くなることが期待できる。

配当が年4回

日本ではメリットの1つになる株主優待の制度は米国株にはなく、株主が重視するのは配当。米国では、年4回の配当で株主に還元する企業が多い。

増配が当たり前!?

米国株は株主からの支持を得るため、増配を続ける傾向にある。増配が減配に転じれば株主が離れ、株価にも悪影響が出るため、社長がプライドをかけて増配を続ける企業も。

 # こんなところには要注意!

時差

米国株の売買ができるのは、米国東部時間で9時半〜16時まで。時差が14時間（サマータイムでは13時間）あるので、日本では真夜中になる。

リスクが増える

購入時と売却時の為替変動を計算に入れる。社会情勢や自然災害などのカントリーリスク（→P27）にもアンテナをはる必要がある。

税金が増える

米国株の配当金は、米国で10%源泉徴収されたうえ、日本で20.315%の税金がかかる二重課税。NISA口座で運用すれば、国内分は非課税になる。

Q

初心者は新規公開株（IPO株）を買わない方がいいって本当ですか?

 A

株価が大きく動くので売買の判断が難しい。応援したいなら買ってもOK!

　新しく上場する新規公開株（IPO株）は、上場日や公募価格などを公表して、株主を募ります。新しく上場する企業には期待が大きく、たくさんの募集が集まることも。そのため、最初の購入者は抽選で決められます。上場前の公募価格よりも上場後の初値が高くなることが多く、値上がり益を期待できるので、人気が高い投資の1つです。初心者がIPO株を買わない方がよいというのは、抽選に当たったら、すべて買ってしまおうとするから。また、売却のタイミングが難しいからです。

　IPO株も、必ず上昇するとは限りません。例えば、過去には

ソフトバンクの子会社が、公募割れで上場後の株価が公募価格より安くなることがありました。当選しても、購入しない方がよいこともあるのです。

　また、IPO株は経験者の多くが1〜2日で売却しています。上昇して高値をつけた後は、どんと株価が下がるものと考え、機械的に売ることが必要です。

　ただ、1年を通して公募価格を上回るIPO株も多く見られます。一時的に株価が下がっても、その企業に将来性を感じ、応援したいと思うのであれば、持ち続けてもよいでしょう。保有しているうちに成長していく可能性はあります。

第 3 章

【銘柄選び】
よい会社を
見極める

身近な会社のなかから候補を探し、
いくつかの指標を使って会社を分析。
そのうえで、購入する株を決めましょう。

株を買う前に
しっかり会社を
分析すれば
リスクを減らせるよ

"知っている会社"に投資するのが鉄則

最初は知っている会社に投資をすることが、株の基本ルールです。

よく知らない会社なんですが、株価が上がっていると聞いて、投資しようか迷っているんです。

知らない会社に投資するのはリスクが高いですよ。気になったのなら、その会社について知ることからはじめます。そして「応援したい」「今後も続いていくだろう」と思える会社に投資しましょう。

会社について知るには、どんな方法がありますか。

食品の会社なら商品を食べてみる、アプリ開発をしているならアプリを使ってみるなど、その会社のサービスを実際に体験できるとよいですね。

私はたくさんの会社があってどの会社に投資すればいいのか悩んでいます。

株価指数の**構成銘柄**を確認すると、有名な会社が多いので参考になりますよ。そのなかから、知っている会社を選びましょう。

株価指数
複数の会社の株価をもとに計算された平均値（→P52）。

構成銘柄
株価指数に選ばれている銘柄のこと。必要に応じて入れ替わる。

まずは身近な会社から選ぼう！

○○ブランド
○○○社
××出版
○○レコード
××飲料
CHIPS
○○家具
○○製菓
××ファッション
××ソフト

あなたが応援したい会社は？

普段使っている商品やサービスに注目しよう。好きな会社や今後に期待できる会社だと知っていれば、多少の株価の変動に不必要に惑わされず、株を楽しむことができる。

株価指数の構成銘柄も見てみよう

例

日経平均株価指数

「日経225」とも呼ばれ、日本の代表的な225社で構成される株価指数。世界的に展開する会社も多い。

- 積水ハウス
- 味の素
- 日本製紙
- ヤマハ
- イオン　など

※2023年4月現在。

例

ダウ工業株30種平均指数

「NYダウ」または「ダウ平均株価」とも呼ばれ、アメリカの優良銘柄30社で構成される株価指数。世界を代表する会社が多い。

- コカ・コーラ
- ナイキ
- マイクロソフト
- ウォルト・ディズニー　など

株価指数の構成銘柄は、その時代の経済を映す鏡のようなもの。有名な会社が多く、選ばれているだけで会社への信頼度が高くなる。

会社を知る ①

ホームページから 会社の情報を得よう

会社のホームページは情報の宝庫です。株主を大切に しているかどうかも判断できます。

気になる会社を見つけたら、必ずホームページを見てみましょう。IR情報から事業内容や配当金を確認できます。ほかにも、ホームページから会社の雰囲気などもわかるんですよ。

IR 情報
「IR」とは、Investor Relations（投資家向け広報）の略。投資家に会社の活動全般の理解を深めてもらうために発信する情報のこと。経営戦略や財務・業務情報、株式情報など、投資判断に必要な情報が掲載されている。

どういうことですか？　会社の雰囲気が大切なんですか？

レストランを選ぶときと同じです。どんな料理でどんな雰囲気のお店なのか、ホームページを見て確認しませんか？

ホームページが見やすかったり、料理や店内の写真が多いと嬉しいです。会社を選ぶときも、同じように考えるんですね。

会社の雰囲気を好きになれるか、応援したいと思えるかを考えましょう。また、ホームページが見やすいように工夫されているということは、株主を大切にしている証拠です。大切なお金を投資するのですから、株主を大切にしている会社がいいですよね。

投資家を大切にしているホームページの例

どこに何の
情報があるのか
わかりやすい
ホームページが
いいですね

☑ 事業内容・経営方針を確認

本業とは別の小さな事業から新事業に至るまで、事業内容が細かく載っていると、今後の経営方針や会社の将来性などもわかる。社会貢献に取り組んでいるかどうかなど、応援したくなる情報を知ることもできる。

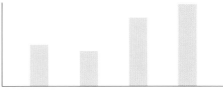

△△△社

会社について　　IR情報　　採用情報

IR情報
> 株主のみなさまへ
> 業績・財務情報
　> 業績ハイライト
　> 決算書
> おしらせ
> よくあるご質問
> お問い合わせ

売上の推移

資産合計

**表やグラフが
使われていて
ビジュアル的で
わかりやすい**

☑ 株の基本情報や 株主のメリットを確認

上場している市場や発行株式数、単元株数、権利確定日といった株の基本情報が載っている。1株当たりの配当金や株主優待の内容、これまでの株主総会の様子や次の株主総会の案内なども確認できる。

☑ 業績・財務状況に ついて確認

会社の業績や財務状況から、投資してよい会社かどうか数字で判断できる。数字だけでなく、グラフや表でわかりやすく表示されていると工夫があり、株主を大切にしているといえる。

IR 情報だけじゃない

社長や採用情報から会社を分析できる!?

> 会社の基本はやっぱり人材！
> 社長の魅力と社員の働きがい
> をチェックしましょう。

　会社を分析するときは、まず IR 情報を確認するのが基本ですが、ほかの視点を加えてみると、より楽しく分析できます。

　88 ページでも紹介しましたが、企業のホームページは情報の宝庫。工夫がこらされたホームページからは、企業のやる気や情熱が伝わります。

　また、経営者に魅力があるかどうかも重要です。ソフトバンクグループの孫正義氏に代表されるように、カリスマ経営者の存在は株価にも大きく影響します。インタビュー記事や講演記録、SNS、動画などから社長の人柄を読み取りましょう。

　採用情報も投資家目線で確認しましょう。採用数の変動や条件、女性管理職の登用、キャリア採用などを見れば、企業が社員に求めていることや、社員の様子もわかります。

　投資するなら、その企業を応援したくなる気持ちが大切です。難しく考えず、自分なりの視点で企業を分析してみましょう。

✏️ 社長から会社を分析

業績がよくても、会社をけん引する社長に魅力がなければ企業の成長は望めない。人柄があらわれる動画やインタビュー記事を見て、会社を大きくしていく情熱や覚悟があるかどうか分析する。

採用情報から会社を分析

どんな人材をどんな条件で募集しているか

定期採用の人数が増えていれば業績好調の可能性が高い。また、募集人数の多い職種や条件のよい職種からは力を入れている事業がわかる。これまでにない分野の人材募集は、新事業展開の可能性も。

採用情報

○ **募集中の求人**

営業職	研究職	事務職
〈条件〉 ———	〈条件〉 ———	〈条件〉 ———

私たちと働きませんか

＼社員インタビュー／

Aさん　営業職

働いている人たちや職場の雰囲気

会社の利益を生むのは社員。社員の動画やコメントから、よい雰囲気や熱意が伝わってくればよし。採用情報サイトの「先輩社員のコメント」などからも社員の思いや社風が伝わる。

利益を生み出すのは
社内の人
↓
働く人を見れば会社の
将来性が見えてくる

"よい会社"か数字でわかる ファンダメンタルズ分析

会社の業績や経済状況、株価などを分析して、リスクの少ない銘柄を選びましょう。

気になっていた会社のホームページが見やすくて、もっと好きになりました！

よかったですね！　それでは次は、**ファンダメンタルズ分析**をしましょう。**投資してもよい会社か数字で判断**します。

応援したい気持ちだけで投資するのは、ダメですか？

投資して資産を増やせなければ、投資先にふさわしくありません。今後も利益を出せるか、人気がありすぎないか、借金まみれではないかなどをファンダメンタルズ分析で確認する必要があります。

なんだか結婚相手を探すみたいですね。具体的にどんな分析をするんですか？

会社の業績や財務状況などを見て、その会社の収益性や成長性、株価の割安・割高、安全性などを確認します。分析のためのさまざまな指標もあるのですが、それは後のページで詳しく解説しますね。

ファンダメンタルズ分析
「ファンダメンタルズ」とは、企業の経済活動の基礎的条件のこと。株の本質的な価値である会社の財務・業績状況をもとに会社を分析する方法。

ファンダメンタルズ分析でわかる4つのこと

❶ 収益性

経済活動によって社会に貢献しているかどうか。収益がないと投資対象にふさわしくない。しっかり利益を出して株主に還元してくれる会社を選ぼう。

これをチェック

\ 経営効率がわかる！ /
- ☑ ROE（→P116）
- ☑ ROA（→P116）

\ 還元率がわかる！ /
- ☑ 配当利回り（→P16）
- ☑ 配当性向（→P116）

❷ 成長性

今後、会社が成長していくかどうか。会社が成長すれば、売上が伸びて配当金が増えたり、株価が上がったりとメリットが大きくなる可能性が高い。

これをチェック

\ すべての基本！ /
- ☑ 売上高（→P97）

\ 会社の将来がわかる！ /
- ☑ 財務キャッシュフロー（→P101）
- ☑ 投資キャッシュフロー（→P101）

複数の指標から判断しましょう！

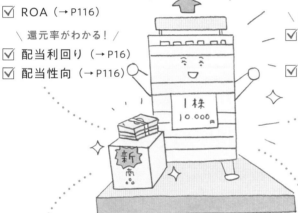

❸ 株価は適正か

株価が割安か割高かを考える。すでに人気で株価が割高の会社より、今後人気になって値上がりする会社を選ぶと大きな値上がり益を期待できる。

これをチェック

\ 利益と株価を比べる！ /
- ☑ PER（→P108）

\ 資産と株価を比べる！ /
- ☑ PBR（→P112）

❹ 安全性

借金がないか、倒産しないかどうか。財務が不安定だと、自由に使えるお金が少なく、利益が上がらないなど、ほかの項目にも悪影響を及ぼす。

これをチェック

\ 自立しているかわかる！ /
- ☑ 自己資本比率（→P98）

\ 隠れた危険を見抜く！ /
- ☑ 財務キャッシュフロー
- ☑ 営業キャッシュフロー（→P101）

決算書とは

決算書から企業の今と未来がわかる

決算書は企業の今の健康状態がわかります。それだけでなく、近い未来を予想することもできます。

決算書とは、会社のあらゆる経済活動をまとめた報告書です。なかでも代表的なものを財務三表といいます。

決算書には何が書かれているんですか？

企業の事業年度ごとのお金の状況が載っています。お金はいわば会社の血液で、決算書から会社の健康状態がわかります。

なるほど。それは確認した方がよさそうですね。

企業の決算のときに見ればいいんですか？

決算月の本決算では前期の実績と今期の予想を発表します（→右ページ）。その後、四半期ごとの決算で予想と実績を比べていきましょう。予想は修正されるので要チェックです（→P106）。連結決算が出ている会社は、そちらを確認します。また、決算書の内容は決算書以外からも確認できます（→P102）。まずは見るべきポイントを押さえましょう。

決算書
年に1回以上つくることが義務づけられている。各社のホームページで確認できる。

財務三表
決算書のうち、損益計算書（→P96）と貸借対照表（→P98）、キャッシュフロー計算書（→P100）の3つの書類のこと。

決算月
本決算を行う月。会社によって異なるが、日本の企業は3月に行うことが多い。

連結決算
親会社だけでなく、国内と海外の子会社や関連会社を含めたグループ全体の決算のこと。含めない場合を単独決算という。

決算書は会社の健康診断書

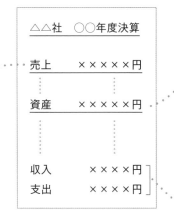

△△社　○○年度決算

売上　　×××××円

資産　　×××××円

収入　　××××円
支出　　××××円

☑ **調子は良い？**
悪い？

売上・利益が上がっているか。詳しくは損益計算書に記載されている（→P 96）。

☑ **体力はある？**

自己資本で賄う力があるか。詳しくは貸借対照表に記載されている（→P98）。

☑ **お金の**
流れは正常？

現金の出入りが滞っていないか。キャッシュフロー計算書に詳しく記載されている（→P100）。

実績と予想を比べよう

〈3月決算の場合〉

| 1月 | 2月 | 3月 | 4月 | 5月 | 6月 | 7月 | 8月 | 9月 | 10月 | 11月 | 12月 |

←――― 上期 ―――→←――――― 下期 ―――――→←――― 上期 ―――→

←第4四半期→←――第1四半期――→←――第2四半期――→←――第3四半期――→

本決算

前期1年間の財務実績を発表。最も注目度が高い。

第1四半期
決算

今期の第1四半期分の決算を発表。

中間決算
（第2四半期決算）

今期6か月間の決算を発表。注目度が高い。

第3四半期
決算

今期の第1四半期〜第3四半期までの決算を発表。

予想も
発表

今期1年間の業績の予想値も発表。今期の活動について会社の見通しがわかる。

近い未来がわかる

それぞれ予想を達成できそうか比較する。実績と予想に差があると株価に影響する（→P106）。

決算書を読む ①

売上と利益の
伸びをチェックする

売上・利益は企業の業績が好調か不調かをあらわしています。必ずチェックしましょう。

決算書を見るときは、まず、売上と利益が伸びているかどうかを確認しましょう。**損益計算書**に詳しく書かれています。

売上が伸びていないと会社の先行きが不安ですし、投資対象としても魅力を感じないですね。

その通りです。売上は会社の存在意義に直結するのでとても大切です。そして、売上と一緒に利益も確認しましょう。最終的に企業がどれだけ稼いでいるのかをチェックします。利益は主に右ページの3つを見ましょう。

赤字の会社に投資するのは、避けた方がいいですか？

赤字幅が、年々減ってきていれば大丈夫ですよ。上場していても、**ベンチャー企業**には赤字の会社が多いのですが、今後の成長が期待できれば、必ずしも「投資すると危ない会社」ということではありません。

損益計算書（P/L）
会社の営業活動を示したもの。会社がどれだけ稼いだのか、稼ぐための費用はいくらかかったのか、最終的な儲けはいくらなのかが記載されている。

赤字
支出が収入を上回っている状態。

ベンチャー企業
新技術や高度な知識をベースに事業展開する新興企業のこと。

株で確認したいのは、売上高と３つの利益

売上高
会社が得た収入の総額。

営業利益
売上高から営業活動にかかった費用を差し引いた金額。本業での儲け。

経常利益
営業利益から営業外の収入と費用を加減した金額。事業全体の収入。

純利益
経常利益から税金などを差し引いた金額。最終的な利益。

販売費および一般管理費

営業外収入・費用

税金など

売上・利益は推移を確認！

〈会社四季報*で調べた場合〉

業績	売上高	営業利益	経常利益	純利益
17.3	60,000	20,000	25,000	20,000
18.3	65,000	22,000	24,000	22,000
19.3	68,000	28,000	30,000	26,000
20.3	75,000	30,000	34,000	30,000

※単位は100万円

それぞれの数値が増加傾向にあるか確認しよう。数年分の実績がまとめられていると比較しやすい。減少傾向にある会社は要注意。赤字の場合でも、赤字幅が減ってきていれば成長している証拠。

2020年
3月の決算
ということ

**それぞれ増加傾向にあるか
チェックしましょう！**

＊会社四季報
会社情報をまとめた書籍。オンライン版もある（→P24）。

他人資本と自己資本の バランスをチェックする

決算書を読む ②

貸借対照表を見て、会社に体力があるか、つまり、倒産しないかどうかを確認します。

貸借対照表には会社の財産が詳しく記載されています。財産には、資産と資本があり、資本は負債（他人資本）と純資産（自己資本）に分かれることを覚えておいてください。

負債が多い会社は経営状態がよくないんでしょうか？

負債はいつか返済するお金なので、多いと資金調達が不安定になります。しかし、単に数字を見るだけでは負債が多いかどうかわからないので、自己資本比率から判断します。

自己資本って株主が投資したお金のことですか？

利益なども含まれます。自己資本は返済義務のないお金なので、自己資本の割合が高いと倒産する可能性が低くなります。そのため、銀行の融資を受けやすくなったり、株主が増えたりと、会社にとってもメリットが大きいんですよ。

貸借対照表（B/S）
会社の財務状況をまとめたもの。バランスシートともいう。資産・負債・純資産が明記されている。

資産
会社が所有する財産。現金だけでなく、商品や不動産、売掛金（入ってくる予定のお金）なども当てはまる。

資本
事業や資産のもとになる資金のこと。

自己資本比率
会社の資本のうち、自己資本の割合をあらわす。自己資本比率が高いほど経営が安定している。

自己資本比率で安全性がわかる

資本（総資本）

負債
（他人資本）

BANK

銀行からの借り入れ
や債務で得たお金。
返済義務があるので、
金額が多いと破綻し
てしまう可能性があ
る。

純資産
（自己資本）

株主

企業が自分で集めた
お金。返済義務がな
く、金額が多いと財
務が安定していると
いうことになる。

純資産（自己資本）の割合

自己資本比率（％）

$$= \frac{自己資本（円）}{負債（円）+自己資本（円）} \times 100$$

 負債100万円、純資産300万円のとき

自己資本比率

$$= \frac{300万円}{100万円+300万円} \times 100$$

$$= 75\%$$

日本の企業全体の
平均は約 **40％** *。
一般的に **50％** 以上あれば
安全性が高く、
70％ 以上なら
理想的です！

＊経済産業省「2021年企業活動基本調査速報－2020年度実績－」より。
　ただし、業種によって平均値は異なるため、40％未満の場合もある。

キャッシュフローから お金の流れがわかる

3つのキャッシュフローを見ることで、会社の現金の出入りをすべて把握することができます。

キャッシュフローのキャッシュは現金、フローは流れという意味です。キャッシュフローとは現金の出入りのことで、キャッシュフロー計算書に詳しく記載されています。現金が会社に入ってくる場合はプラス、出ていく場合はマイナスで表示されます。

じゃあ、借金をしても現金が会社に入るからプラスになるんですね。

その通りです。キャッシュフローの種類によって、プラスとマイナスが何を意味するのかが変わるんですよ（→右ページ）。それぞれのキャッシュフローの意味をきちんと理解しましょう。

3つのキャッシュフローからは、どんなことがわかるんですか？

一見、経営状態がよさそうな会社でも、黒字倒産することがあります。キャッシュフローを見ることで、実は危ない会社がわかるので必ず確認してください。

キャッシュフロー
事業におけるお金の流れのこと。現金が入ることをキャッシュ・インフロー、出ていくことをキャッシュ・アウトフローという。

キャッシュフロー計算書
現金の増減とその理由をあらわす決算書。営業キャッシュフロー計算書と投資キャッシュフロー計算書、財務キャッシュフロー計算書がある。C/SやC/F、CFと表記することもある。

黒字倒産
損益計算書では黒字なのに倒産すること。何らかの理由で資金繰りに問題がある場合に起こる。営業キャッシュフローと投資キャッシュフローの合計がマイナスになると、リスクが高いとされる。

キャッシュフローには3種類ある

 営業キャッシュフロー

営業活動でどれだけ現金が増減したか。会社の安全性がわかる。

＼ プラスになるのが理想的 ／

プラスだと利益が上がっているということ。ベンチャー企業は赤字のことも多い。その場合は、過去と比べて赤字幅が減少傾向であればOK。

 会社のお金の流れは人間でいうと血液です。滞っていたら要注意ですよ！

お金

お金

お金

 投資キャッシュフロー

設備投資や資産の運用など、投資に関するお金の動き。会社の成長性がわかる。

＼ マイナスは投資している証拠 ／

成長中のベンチャー企業や大型事業をはじめる大企業はマイナスの場合が多い。土地を売却するなど、資産を現金化するとプラスになる。

 財務キャッシュフロー

現金の調達や返済をあらわすキャッシュフロー。会社の成長性・安全性がわかる。

＼ プラスでもマイナスでもよい ／

借入金の増減がポイント。財務キャッシュフローがプラスで投資キャッシュフローがマイナスなら、設備投資にお金を使っているという意味。

決算書の
分析①

数字が苦手な人でも
簡単に分析する方法

ネットの分析ツールを使えば、簡単に決算書の分析を
行うことができます。

決算書を見てみたのですが、どこに何が書
いてあるのか探すだけで大変ですね……。

数字ばかりだし、慣れるまで時間がかか
りそうです。

いきなり決算書を読むのが難しければ、
ネットの分析ツールを活用しましょう。
決算書の内容がグラフや表でまとめられ
ていてわかりやすいですよ。無料で使え
るサイトもたくさんあります。

分析ツール
スマホやパソコンで株
取引に必要な情報を分
析できる。各証券会社
が提供するものや株専
門の情報サイト(→P24)
などがある。

それなら数字が苦手でも、簡単に分析で
きそうです！

企業のIR情報（→P88）に業績ハイライ
トが載っている場合もあります。グラフ
などを使って見やすく工夫されているこ
ともあるので、ホームページを確認して
みるとよいですよ。

業績ハイライト
数年分の業績を簡単に
示したもの。会社のホ
ームページで確認する
ことができる（→P
89）。

業績ハイライトがグラフで表示されてい
たら、"株主を大切にしている"という
条件にも当てはまりますね！

初心者にもわかりやすい主な分析ツール

バフェットコード

株の情報分析サイト。複数の会社を簡単に比較でき、スクリーニングにも便利（→P118）。

数年分の売上・利益がひとめでわかる

3つのキャッシュフローがひとめでわかる

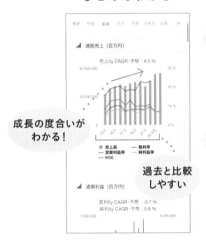

成長の度合いがわかる！

過去と比較しやすい

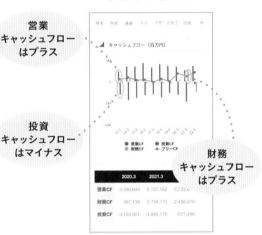

営業キャッシュフローはプラス

投資キャッシュフローはマイナス

財務キャッシュフローはプラス

Ullet
ユーレット

株の情報分析サイト。決算書の数字を棒グラフや円グラフなどで表示。

グラフや表が多い

自己資本比率もひとめでわかる

大株主や会社情報も！

決算書以外の情報も豊富で、保有株数の多い株主（大株主）や会社が配信した情報・ニュースもまとめて確認できます。

決算短信で
概要・予想を把握する

決算短信には、決算書の要点がまとめられています。
詳しい内訳を見ることもできます。

決算短信からも多くの情報を得られます
（→右ページ）。たくさんのページがあり
ますが、まずは1枚目だけ見ればOKで
すよ。

1枚目だけでいいといっても、数字ばか
りで難しそうです……。

グラフや表がないので一見読みにくそう
ですが、決算書の内容が簡単にまとめら
れているんですよ。特に❶売上・利益や
❷自己資本比率、❸キャッシュフローの
状況には注目して見ましょう。

❹配当金の推移も書いてあるんですね！

これまでに学んできたことがまとめて書
かれているんですね。❺業績予想とは何
ですか？

会社が出した今後の予想です。業績修正
が出ることもあるので、それも注目しま
しょう。どちらも株価には大きな影響が
ありますよ。

決算短信
決算の内容をまとめた
もの。1枚目に決算の
要点がまとめられてお
り、続くページには各
項目の詳細が書かれて
いる。正式な決算発表
ではないが投資判断の
材料になる。各会社の
ホームページから確認
できる。

業績予想
売上高、営業利益、経
常利益、純利益などの
予想値（→P106）。

業績修正
業績予想と実際の業績
が大きく変わる場合は
予想の修正値を発表す
ることが義務づけられ
ている（→P106）。

決算短信の1ページ目の見方

例 ダスキンの決算短信1ページ目

決算の時期

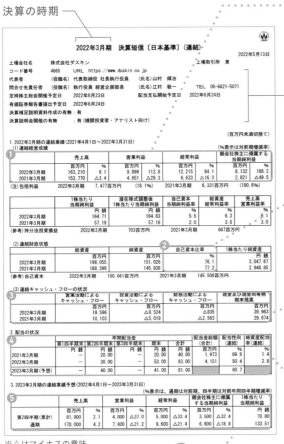

①
売上・利益が
伸びているか
(→ P96)

会社の
基本情報

②
自己資本比率は
何％か
(→ P98)

③
キャッシュフロー
の状況
(→ P100)

④
配当金の推移

☑ 増配しているか
☑ 予想はいくらか

配当金の予想金額は
株価への影響も大き
い。増配している会
社は減配しにくいの
で、配当金で利益を
狙うなら大切。

※△はマイナスの意味

各項目は
前期の数字と
比較できます

⑤
業績予想もチェック！

予想値は株価に大きく影響する(→
P106)。発表後、修正されること
もあるので、会社のニュースに注
目しておく。

株価に影響する

業績は予想と 修正をチェックしよう

企業が発表する業績予想と修正値を参考にしましょう。アナリストの予想を確認しても◎。

　企業が本決算や決算短信で発表する業績予想は、株主にとっても投資家にとっても大切な数字です。しかし、業績予想値は何らかの事情で大きくずれることがあります。そのずれを改めて公表するのが業績修正です。業績予想より数値が下がれば「下方修正」、上がれば「上方修正」となり、株主と投資家の期待や不安は株価にも影響を与えます。

　業績修正の発表に事前に対応するのは難しいですが、ホームページのIR情報をこまめにチェックし、決算短信で業績の進捗状況などを確認しておくと、ある程度予測ができます。

　また、決算短信や決算書の発表前などは、業績修正を発表する企業が相次ぎます。半期ごとに上方修正が行われることも多く見られるので覚えておきましょう。

　市場への影響が大きい大手企業では、株取引のない金曜日の夜に修正を発表することも。これは、株主にクールダウンしてもらい、急激な株価の変動を防止するためです。

　業績予想で保守的な発表をする企業が多いため、企業の動向を分析する専門家であるアナリストの予想も参考にすると、より精度の高い予測ができることもあります。

予想が発表されるもの

- 売上高
- 営業利益
- 経常利益
- 純利益
- 配当金　など

アナリストの市場予想

注目度や期待度の高い企業は、アナリストによる市場予想も行われる。複数の市場予想値の平均を「コンセンサス」といい、投資に活かすことがある。

コンセンサスの確認方法

- 株情報サイト
- 各証券会社の情報ツール

など

業績修正で株価は動く

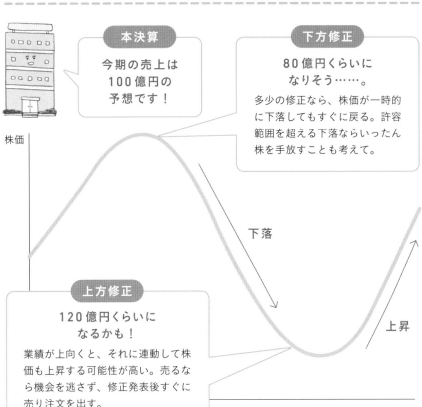

本決算

今期の売上は
100億円の
予想です！

下方修正

80億円くらいに
なりそう……。

多少の修正なら、株価が一時的に下落してもすぐに戻る。許容範囲を超える下落ならいったん株を手放すことも考えて。

株価

下落

上方修正

120億円くらいに
なるかも！

業績が上向くと、それに連動して株価も上昇する可能性が高い。売るなら機会を逃さず、修正発表後すぐに売り注文を出す。

上昇

 Point

予想と修正の幅に
注目しよう

予想値と修正値の差が小さければ、株価もすぐに戻ります。差が大きい場合は、よく理由を考えましょう。

例 トヨタ自動車

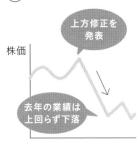

株価

上方修正を
発表

去年の業績は
上回らず下落

2022　　5月

ただし例外も……

実績のよさを期待し、株価がすでに上昇していた場合、修正が期待以下なら下落することもある。前年業績に及ばなかったため、投資家ががっかりして株を売り、株価が下落した。

PER ①

利益と比較して
割安・割高を判断するPER

PERは株価を分析する指標の1つです。企業の利益から見て、株価が割安か割高かを分析します。

株価は株主や投資家の期待値などを含むので（→P38）、適正価格ではないことが多いんですよ。

株価が適正かどうか、どうやって判断するんですか？

PERという指標を使います。これは会社の利益と株価を比べて、株価が割安か割高かを判断するもので、PERが低いと割安、高いと割高といえます。

PERが低い株は、いいものが安くなっているという意味ですね！

その通りです！　割安な株を買って株価が上がれば、割高な株よりも大きな値上がり益を狙えます。しかし、株価が将来的に上がるかどうかはPERからはわかりません。

わかりました。企業の成長性や将来性は、ホームページや決算書などを見て判断します！

適正価格
企業価値から考えて、1株にいくらの価格がつくべきかという、理論上の株価のこと。

PER
（株価収益率）
Price Earnings Ratio の略。株価の割安・割高をはかる指標。投資金額（株価）を還元される利益（EPS）で割るので、投資金額を回収するのにどれくらいの時間を要するかもわかる。

※PERや右ページに出てくるEPSは、株の情報サイトや証券会社の銘柄情報ページなどでも確認できる。

PERを活用していいものを安く買う！

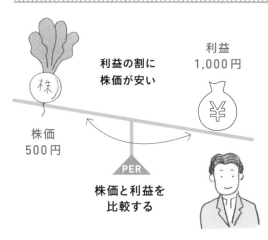

利益の割に
株価が安い

利益
1,000円

株価
500円

PER

株価と利益を
比較する

会社の利益と今の株価を比較して、割安・割高をはかる。会社から還元される利益の何倍の価格で株が取引されているかということ。数字が小さいと割安、大きいと割高。赤字の場合、PERは算出できない。

**この場合のPERは
0.5倍です**

PERの計算方法

$$PER（倍）= \frac{株価（円）}{1株当たりの利益（円）（EPS）}$$

EPS（円）とは
$$= \frac{純利益（円）}{発行株式数（株）}$$

1株当たりの利益をEPSという。EPSの金額は、1株持っていると利益がいくら還元されるのかを示す。

比べてみよう

株価1,000円
1株当たりの利益100円の場合

$$\frac{1,000円}{100円} = 10倍$$

1,000円の株で100円の利益（価値）があり、本当の価値より10倍の株価がついている

株価700円
1株当たりの利益50円の場合

$$\frac{700円}{50円} = 14倍$$

700円の株で50円の利益（価値）があり、本当の価値より14倍の株価がついている

 割安 ←——————————→ 割高

PER ②

PERから投資家の 期待値がわかる

PERが高い株は割高ではありますが、投資家たちの期待が大きく人気の銘柄といえます。

PERが高く割高な株は、本当の価値より高値で買われているということになりますよね？

割高でも買いたいなんて、どういうことなんでしょうか？

その会社が今後もっと利益を上げると予想し、PERが高くても安く感じている人がいるということなんです。PERは投資家たちの期待値をもあらわしているといえるんですよ。

じゃあ、「PERが高い＝投資してはいけない会社」ということではないんですね。

PERの数値から割安・割高を判断するときは、右ページのポイントを押さえましょう。米国株や新規事業の会社はPERが高くなる傾向にあります。また、**特別利益**で一時的にPERが低くなる場合もあるので、過去の数値も確認するといいですよ。

特別利益
会社の業績内容に関係なく、臨時的に得た大きな利益のこと。例えば、土地や持ち株の売却など。

PERの高さは人気の高さでもある

例 PERが10倍のとき

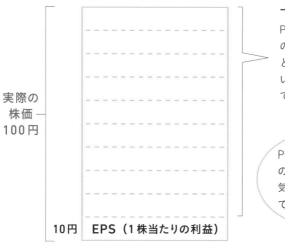

実際の
株価
100円

10円　EPS（1株当たりの利益）

市場の期待値が上乗せされている

PERが10倍なら、EPSの10倍の株価がついているということ。PERが高くても買われている会社はそれだけ期待されている。

PERの高さは期待値の高さ。つまり、人気の高さをあらわしています。

PERを比べるときのポイント

Point
1 業界内で比べる

PERは業界によって平均値が異なる。違う業界内で比較すると、誤った判断につながるので、必ず同じ業界内で比較しよう。

2023年3月　業界別PER（東証プライム市場）		
水産・農林業	10.7倍	平均値が違う
鉱業	16.8倍	
建設業	10.8倍	
食料品	18.9倍	

Point
2 日経225と比べる

日経225のPERの平均値は15倍程度。日経225のPERが15倍以上になっているなら、市場全体が高くなっていると考えられる。

Point
3 過去の数値と比べる

特別利益などで一時的に利益が増加し、PERが低くなることも。事業による利益ではないので割安とはいえない。

※東京証券取引所「規模別・業種別PER・PBR（連結・単体）一覧（2023年3月）より抜粋

純資産と比較して
割安・割高を判断するPBR

PBRは、PERと同じく株価の割安・割高を示す重要な指標です。

PERのほかに、株価が割安か割高かを見極める指標として PBR があります。

PERとはどう違うんですか？

PBR は資産と株価を比べて株価が割安か割高かを判断します。計算には、会社が解散したとき、1株当たりいくらもらえるかを示す BPS を使います。BPS を株価で割ったものが PBR です。

どういうことですか……？

PBRでは、100円で株を買ったのに、企業が解散してしまったときに50円しかもらえない銘柄は割高ということになります。ちなみに、この場合のPBRは2倍になります。

PERと同じように、PBRが低いと割安、高いと割高なんですか？

PBRは1倍を基準に考えます。1倍より小さければ割安、大きければ割高です。

PBR
（株価純資産倍率）
Price Book-value Ratioの略。株価が割安か割高かを判断するための指標。株価が企業の純資産の何倍で買われているかを示す。

BPS
（1株当たりの純資産）
Book-value Per Shareの略。1株につき純資産（→P99）がいくらあるかを示す。純資産は、会社が解散したとき株主に分配されるので、解散価値ともいう。

※PBR・BPSは株の情報サイトや証券会社の銘柄情報ページなどでも確認できる。

PBRは企業の純資産と株価を比べるもの

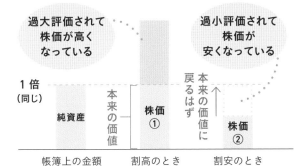

純資産と株価は同じ値段になるはず、という考えから株価が割高か割安か判断する。そのため、純資産と同額を意味する1倍が基準になる。

PBRの計算方法

$$PBR（倍）= \frac{株価（円）}{1株当たりの純資産（円）（BPS）}$$

BPS（円）とは

$$= \frac{純資産（円）}{発行株式数（株）}$$

BPSの金額は、会社が解散したときに、1株当たりいくらもらえるかを示す（解散価値）。

比べてみよう

1株当たりの純資産＝100円のとき

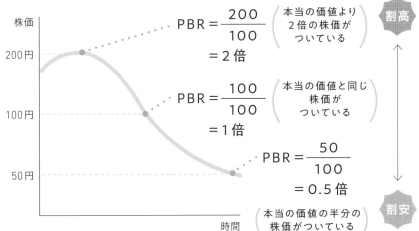

株価が割安の理由まで確認しよう

PBRで割安株を見つけたら、すぐに買わずにどうして割安なのかを確認しましょう。

PBRは今の株価に対して会社がなくなったときにいくらもらえるのかを示すので、特に不景気のときに注目されます。

不景気だと、投資した会社が倒産するかもしれないと思ってPBRに注目が集まるんですね。

反対に、好景気ではPERが注目されます。ただ、どんなときでもどちらも確認しておく方が安心です。

PBRを見るときは、1倍よりも小さく、株価が割安であればあるほどよいのでしょうか？

PBRが割安すぎるのもよくありません。例えば、長年赤字が続いている会社には注意しましょう。経営のために純資産を切り崩してしまうと、純資産が減ってそのうちにPBRは割高に変わってしまいます。PBRで割安株を見つけたら、**財務状況やニュース**を見て、心配な項目がないか確認しましょう。

財務状況
企業の業績や資産の状況のこと。決算書やネットの分析ツールで確認しよう。

PBRを比べるときの2つのポイント

Point ① 業界内で比べる

2023年3月　業界別PBR (東証プライム市場)	
水産・農林業	1.0 倍
鉱業	0.6 倍
建設業	0.8 倍
食料品	1.3 倍

平均値が違う

PBRの平均値は業界によって異なる。誤った判断をしないよう、同じ業界内で比較しよう。鉱業業界は低く、食料品業界は高い傾向にある。

※東京証券取引所「規模別・業種別PER・PBR（連結・単体）一覧（2023年3月）より抜粋

Point ② 過去の数値と比べる

例

ずっと低いまま ⇒ 価値が上がる見込みがない

長期にわたってPBRが1倍割れで推移している会社は、今後も上がる可能性が低い。この場合は低くても利益が狙えないため、割安とはいえない。

PBRを使っていい銘柄をお得にGet！

みんな業績が上がらず株価が低い……

市場

本当は悪くない会社もつられて株価が下がっている
＝
お得にGetするチャンス！

お宝銘柄をチェック！

- ☑ 市場全体が値下がりしている
- ☑ PBRが1倍割れ
- ☑ 売上・利益は伸びている

市場全体が値下がりすると、普段高い会社も株価が下がり、PBRが1倍割れに。会社自体が悪くなっていなければ、株価の戻りが早く、値上がり益を期待できる。

ROE で経営効率を調べよう

経営上手な会社を選べば、投資した金額に対して多くの
リターンが期待できます。

PER・PBRのほかに、ROEも重要な指標です。会社の経営効率を判断することができます。

資金をうまく使って、利益をよりたくさん出している会社の方がいいですね。

経営効率が悪いと、投資しても利益が上がらないので株主に還元されません。経営上手な会社を選ぶために、ROEを見てみましょう。ROEでは、数値が高いと経営上手を意味します。

ファンダメンタルズ分析では、PER、PBR、ROEの3つだけ確認すれば十分でしょうか？

アメリカではROAの注目度が上がっていて、近年は日本でも重視されているので、ROAが上がっているかどうかも確認しましょう。また、配当利回り（→P16）や配当性向もファンダメンタルズ分析の指標の1つです。いくつかの指標を使って、自分に合う会社を見つけましょう。

ROE
（株主資本利益率）
Return On Equityの略。自己資本に対する純利益の割合。日本の企業の場合、10％以上だと優良といわれる。

ROA
（総資産利益率）
Return On Assetの略。総資産に対する純利益の割合。日本の企業の場合、5％以上だと優良といわれる。

配当性向
年間の利益から支払った配当金を割合で示したもの。配当性向が高いと利益から配当金を多く出しており、低いと内部留保が多い。1株当たりの配当金÷1株当たりの純利益×100で算出できる。

※上記各指標の数値は株の情報サイトや証券会社の銘柄情報ページなどでも確認できる。

経営上手な会社はどっち？

A社	B社

株主から得た
お金 200 万円
利益 30 万円

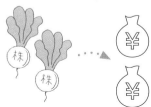

株主から得た
お金 100 万円
利益 20 万円

**どちらが効率よく稼いでいるのかが
ROE でわかります**

計算方法

$$ROE（\%）= \frac{純利益（円）（→P97）}{自己資本（円）（→P98）} \times 100$$

A社のROE

$$= \frac{30万円}{200万円} \times 100 = 15\%$$

B社のROE

$$= \frac{20万円}{100万円} \times 100 = 20\%$$

経営
上手！

＼ これもチェック ／

ROA

$$ROA（\%）= \frac{純利益（円）}{総資産（円）} \times 100$$

負債も含む

ROEと比べてROAが低い
場合、負債が多い。

やってみよう！

銘柄選びに便利

スクリーニング機能を使ってみよう

条件を決めて絞り込むことで、自分に合う銘柄を効率よく選びましょう。

「結局どの銘柄を買えばいい？」と悩む人に、とっておきの方法があります。それは各証券会社が提供するスクリーニング機能。自分で好きな条件を決め、銘柄をふるいにかけることができます。証券口座を持っていれば、ほとんどの証券会社で使えるサービスです。証券会社以外では、右ページで紹介するバフェットコードなどでも利用できます。

「南向き」「家賃9万円以下」など好みに合う条件で住宅物件を探すように、投資資金や業種、PERやPBRなどの条件を決めてスクリーニングすれば、銘柄を簡単に絞り込めます。条件を厳しくすれば、有望な銘柄を見つけやすくなるでしょう。

スクリーニングは、自分の考える「よい条件」の再確認にもなるので、ぜひ活用してみましょう。もちろん、これまで学んだようにIR情報やホームページのチェックをはじめ、社長の人柄などを調べる企業分析も行います。

条件を組み合わせて判断する

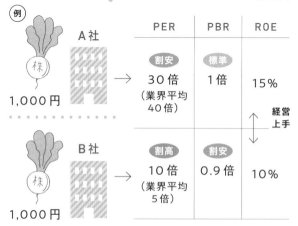

例

	PER	PBR	ROE
A社 1,000円 →	割安 30倍（業界平均40倍）	標準 1倍	15%
B社 1,000円 →	割高 10倍（業界平均5倍）	割安 0.9倍	10%

経営上手 ↑↓

どちらがよい会社？

PERを業界平均で比べるとA社は割安でB社は割高。PBRではA社は基準値の1倍、B社は割安。ROEはBよりもAの方が高い。複数の指標を組み合わせると、A社の方がよい会社とわかる。

スクリーニング機能の使い方

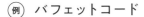

例） バフェットコード

株の情報サイトの1つ（→P103）。
日本株なら無料で条件検索からス
クリーニング機能を利用できる。

対象を選ぶ

（無料プランでは
日本株のみ）

**≧（以上）
or ≦（以下）
を選ぶ**

数字を入力

**条件を追加
できる**

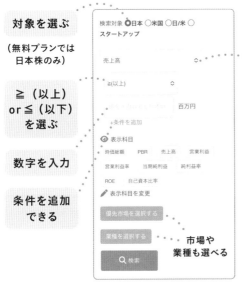

検索対象 ●日本 ○米国 ○日/米 ○
スタートアップ

売上高

≧(以上)

百万円

＋条件を追加

⊙ 表示科目
　時価総額　PBR　売上高　営業利益
　営業利益率　当期純利益　純利益率
　ROE　自己資本比率
✎ 表示科目を変更

優先市場を選択する

業種を選択する

Q 検索

**市場や
業種も選べる**

条件を選ぶ

配当金 （→P16）
配当利回り （→P16）
売上・利益 （→P96）
自己資本比率 （→P98）
営業キャッシュフロー
（→P101）
PER （→P108）
PBR （→P112）
ROE （→P116）
ROA （→P116）
上場年数　　　　など

↓ 検索で
ふるいにかける

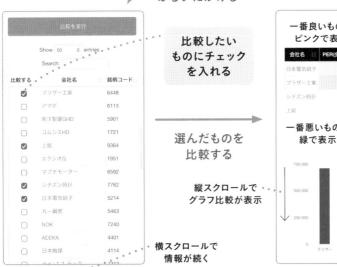

比較を実行

Show 50 entries
Search:

比較する	会社名	銘柄コード
☑	ブラザー工業	6448
☐	アマダ	6113
☐	東洋製罐GHD	5901
☐	コムシスHD	1721
☑	上組	9364
☐	エクシオG	1951
☐	マブチモーター	6592
☑	シチズン時計	7762
☑	日本電気硝子	5214
☐	丸一鋼管	5463
☐	NOK	7240
☐	ADEKA	4401
☐	日本触媒	4114

**横スクロールで
情報が続く**

**比較したい
ものにチェック
を入れる**

→

選んだものを
比較する

**縦スクロールで
グラフ比較が表示**

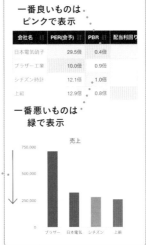

**一番良いものは
ピンクで表示**

会社名	PER(会予)	PBR	配当利回り
日本電気硝子	29.5倍	0.4倍	
ブラザー工業	10.0倍	0.9倍	
シチズン時計	12.1倍	1.0倍	
上組	12.9倍	0.8倍	

**一番悪いものは
緑で表示**

売上

750,000

500,000

250,000

ブラザー　日本電気　シチズン　上組

注意点①

意外と身近な インサイダー取引

株取引の公平性を保つため、会社情報の取り扱いには、厳格な決まり（法律）があります。

株式投資っていち早く情報をつかむことが大切ですよね。会社の社長とか、とても有利じゃないですか？

取引の公平性を保つため、**インサイダー取引**は禁止されています。

そうなんですね。でも、インサイダー取引ってバレるんですか？　違反を見つけるのは難しそうな気がしますが……。

証券取引等監視委員会の売買審査でわかるんですよ。会社の飲み会で知った情報を友人に話してしまい、友人がインサイダー取引で……なんてこともあります。会社関係者以外も注意が必要ですよ。

又聞きで取引をしてもわかるんですね。それは気をつけないと……。

もし発表される前の重要な情報を知ってしまったら、それをもとに取引してはいけません。ほかの人に情報を漏らすのも犯罪行為です。

インサイダー取引
発表前の重要な会社情報を判断材料にして、株を売買すること。

証券取引等監視委員会
金融庁の機関で、株取引の公平性の確保と投資家の保護を目的としている。インサイダー取引や会社情報の虚偽記載などの調査・告発などを行う。

売買審査
インサイダー取引が行われていないかどうかの審査。重要な情報が公表されたすべての銘柄を対象に、売買動向などを日々分析する。

インサイダー取引は法律違反

会社内

\ 重要な情報 /

業績　　**合併・買収**

新商品　　**新技術**

など

投資判断や株価に影響する会社の重要な情報。会社の情報公開の時期や方法などは法律で決まっている。

会社関係者

- 役員　　●従業員
- アルバイト
- 退職後1年以内の人
など

情報伝達規制違反

利益を得させるか損失を回避させる目的で、ほかの人に情報を伝達することは法律で禁止されている。相手が取引を実行すると、罰則の対象になる。

情報を伝える →

情報受益者

- 親族　　●友人
- 取引先の人　　など

\ 未発表の情報をもとに株を売買 /

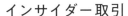

インサイダー取引

違反すると……

> ### 5年以下の懲役もしくは
> ### 500万円以下の罰則
> （またはその両方）
> ### ＋得た利益は没収

インサイダー取引に該当すると刑事罰になることも。万が一、未発表の重要情報を知っても取引しない、ほかの人に情報を伝えない。インサイダー登録（→P81）には、インサイダー取引を回避する目的がある。

注意点②

「煽り屋」
「イナゴ投資家」に要注意！

SNSやインターネットで情報収集をするときは、情報をうのみにしないよう気をつけましょう。

情報収集にはネットが便利そうですね。調べてみたら、たくさんの人がSNSで株の情報を発信していました。

SNSでは株のコミュニティもたくさんあるみたいでしたよ！ 情報を共有できたら、投資するときに便利そうです。

投資仲間が増えると、モチベーションが上がるのでよいことですね。ただ、**インターネットにはいい情報だけでなく悪い情報もあふれています。正しい知識や経験がないと、情報を判断することは難しいでしょう。それを利用して利益を上げようとする煽り屋やイナゴ投資家**もいます。

惑わされないためには、どうしたらよいのでしょうか？

1つの情報だけで判断しないようにしましょう。情報をうのみにせず、ほかの媒体で調べたり、違う情報から判断したりと、角度を変えて考えるようにすると安心ですよ。

煽り屋
SNSなどで銘柄に関する情報を発信し、短期的に株価を上げて利益を狙う投資家のこと。

イナゴ投資家
煽り屋に便乗する投資家のこと。また、株価に影響がありそうな情報が出た株を、短期間で何度も売買する個人投資家集団のこと。一斉に取引に参加するので特定の銘柄の株価が急騰・急落する。

122

ネットの情報に惑わされないで

煽り屋にのらない

売り抜けよう

煽り屋

下がってきたぞ
おかしいな……

煽られて買う人が増える
⇒ 実際に株価が上がる

買って
おこう

○○社の株は
今から上がるよ!!

上がる
らしい

煽り屋

(心の声)
下がらないで
上がってくれ…!

初心者は煽り屋に騙されやすい。「株価が上がりそう!」「次にくるのはきっと○○社!」などの意見に惑わされずにファンダメンタルズ分析で確かめよう。

情報をうのみにしない

風説の流布は
犯罪行為!

本当かな、確かめよう

風説の流布とは、株価を変動させるために、虚偽の情報を流すこと。違反者は罰則の対象になる。

SNSにはたくさんの情報があふれている。自分にとって都合のよい情報を信じてしまいがち。情報を客観的に判断できるように、よい情報も悪い情報もうのみにしないことが大切。

COLUMN

 Q 銘柄を選んでくれる
AI投資を使えば楽できますか?

 A AIが選んでも、
最後に決めるのは自分自身です。

　AIによる投資は、コンピューターが過去の情報を分析・学習し、予測して投資を行うものです。銘柄を選んでくれたり、売買のタイミングを考えて自動で取引が行われたりするので、一般的な取引よりも知識を蓄える必要はないかもしれません。

　しかし、AI投資で無難な条件や設定を選んでいけば、おそらくバランス型の投資信託をすすめてくるでしょう。それでは、証券会社に相談して、おすすめの投資商品を聞くのと大差ありません。また、AIが選んだとしても、最終決定は自分で行います。まだ発展途上ではありますが、今のところAI投資で億万長者になった人は聞いたことがありません。

　一方、AI投資には、自分では気づいていなかった銘柄を探せるという利点があります。しかし、SNSの情報や金融機関の営業マンの言うことをうのみにしないのと同様、他人任せの運用で、楽に大儲けすることはできません。

　あくまでも投資は自己判断、自己責任です。AIがおすすめする銘柄から何を選ぶか悩むよりも、勉強をして知識や経験値を増やし、自分で銘柄を学んだ方が成功へ近づくことができます。自分の大切なお金は自分で増やし、守っていきましょう。

株を売買してみよう

株を選んだら、証券会社に注文を出しましょう。
価格や株数の決め方、注文の種類などを解説します。

株を
売買するときは
銘柄以外にも
決めることが
あるよ

まずは株の売買の
流れを知ろう

証券会社に具体的な注文内容を伝え、取引が成立すると
株を買うことができます。

どの銘柄を買うか決めたら、証券会社に
注文を出しましょう。

対面かネットで注文するんでしたよね
（→P58）。注文するときは、何を伝えた
らいいんですか？

**買いたい銘柄と株数、株価、注文の種類
と有効期限を決めて、証券会社に伝えま
す。**なお、注文方法には株価を指定しな
い成行注文と株価を指定する指値注文の
2つがあります（→P130）。

銘柄のほかにも、いろいろと決めること
があるんですね。

慣れたら簡単に注文できますよ。

株を売るときも注文の流れや伝える内容
は同じですか？

基本的には同じです。注文を出したとき
に、取引できる反対注文があれば取引が
成立（＝約定）します！

有効期限
株を注文するときは、
その注文がいつまで有
効なのか期限を設定す
る。期間は当日中や1
週間以内、指定した期
間内など。その期限内
に取引が成立しないと
注文は失効する。

反対注文
買い注文の反対注文は
売り注文、売り注文の
反対注文は買い注文に
なる。

約定
株の売買取引が成立す
ること。

ネットも対面も取引の流れは同じ

買うとき

証券会社に買い注文

銘柄 株数
〇〇社 の株を 100株 買いたい！

株価は　株価・注文の種類
何円でもいいよ（成行）or
1株500円で（指値）

有効期限
この注文は 1週間有効 にしてほしい！

❶ 配当金
（→ P16）

❷ 株主優待
（→ P20）

❸ 株主総会
（→ P22）

取引成立したら株をGet！

買い注文が約定すると、株を保有できる。保有中は左の3つのメリットが受けられる。約定後、証券口座から株の代金と手数料が引き落とされる。

売るとき

証券会社に売り注文

銘柄 株数
〇〇社 の株を 100株 売りたい！

株価・注文の種類
株価は　何円でもいいよ（成行）or
1株600円で（指値）

有効期限
この注文は 今日だけ にしてほしい！

＼ 株価が上がっていれば ／

値上がり益
（→ P18）

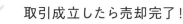

取引成立したら売却完了！

売り注文が約定すると、株の売却が完了し、株価の損益が確定する。約定後、証券口座で株の代金を受け取り、手数料を支払う。

板からわかる 注文状況と市場の動き

板と呼ばれる表を見れば、銘柄ごとに注文状況を確認できます。注文状況から市場の傾向もわかります。

株を買うときに売りたい人がいるかどうかは、どうやって確認できるんでしょうか？

売り注文の数と買い注文の数を株価ごとに一覧表にした板で確認できますよ（→右ページ）。銘柄ごとに値を見ることができるんです。

注文数と株価がひとめでわかるのは便利ですね！　板を見るときのポイントは何かありますか？

売気配と買気配の気配値を見ておくと、株価を決めるときに役立ちます。また、板から市場の動きを読み取ることもできます（→右ページ）。

板はどこで確認できるんでしょうか？

ネット証券会社の注文画面や株専門情報ツールの銘柄情報画面で確認できます。店舗で取引する場合は、担当者に言えばタブレットなどで見せてくれますよ。

板
株価ごとに売り注文と買い注文の数を表にしたもの。取引時間中、注文がリアルタイムで反映される。板情報や気配値情報ともいう。

売気配
約定せず市場に残っている売り注文のこと。売気配と気配値を合わせて、売り板という。

買気配
約定せず市場に残っている買い注文のこと。買気配と気配値を合わせて、買い板という。

気配値
1株当たりいくらで取引したいのか、希望の株価のこと。

板の読み方

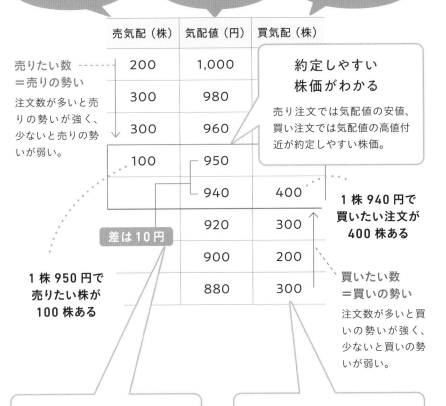

売り注文の数　　希望の株価　　買い注文の数

売気配（株）	気配値（円）	買気配（株）
200	1,000	
300	980	
300	960	
100	950	
	940	400
	920	300
	900	200
	880	300

売りたい数＝売りの勢い

注文数が多いと売りの勢いが強く、少ないと売りの勢いが弱い。

約定しやすい株価がわかる

売り注文では気配値の安値、買い注文では気配値の高値付近が約定しやすい株価。

1株940円で買いたい注文が400株ある

買いたい数＝買いの勢い

注文数が多いと買いの勢いが強く、少ないと買いの勢いが弱い。

差は10円

1株950円で売りたい株が100株ある

約定しやすいかどうかがわかる

売気配の安値と買気配の高値の差が小さいと、売り手と買い手の希望価格が近いので約定しやすい。また、希望に近い株価で取引しやすい。反対に、差が大きいと取引が成立しにくい。

株価が上がりやすいか下がりやすいかがわかる

注文数が多いときを「板が厚い」、少ないときを「板が薄い」という。買い板が厚いと、買いたい人が多いので買いの勢いが強く、株価は上がりやすい。反対に、売り板が厚いと、株価は下がりやすい。

注文方法①

基本の注文方法は 「成行注文」と「指値注文」

株の注文には2種類あり、発注するときの株価の決め方
によって使い分けます。

成行注文と指値注文のうち、成行注文
は、**発注価格を決めずに注文するとき**に
使います。いくらでもいいからほしい株
があるときに有効です。

発注価格
株を注文するときの株
価のこと。「呼び値」
ともいう。

でも、発注価格を決めておかないと、す
ごく高値や安値で取引することになるか
もしれないですよね……？

そうならないように注文の有効期限を設
定しておきます。一方、指値注文では、
希望の発注価格を設定することができる
ので、今の株価よりも安く買いたい、も
しくは高く売りたいときに使います。

値段はいくらでも指定できるんですか？

銘柄の株価によって、注文時の**価格の刻
み幅**が決まっています。また、値幅には
制限があるので（→P140）、その範囲
内で行います。成行注文も指値注文もメ
リットとデメリットがあるので（→右ペ
ージ）、自分の目的に合わせて使い分け
てくださいね。

価格の刻み幅
銘柄の株価によって、
指定できる値幅は決ま
っている。例えば、1
株1,000円以下の銘柄
なら1円単位で、
5,000円 ～ 10,000円
の銘柄なら10円単位
で指定できる。

発注価格を決めない成行注文

◎ 注文が
成立しやすい

成行注文は指値注文より優先的に約定する。発注価格を決めないので、反対注文があればすぐに約定する。

△ 予想外の株価に
なることも

いくらで約定するかわからないリスクがある。特に、値動きが激しい銘柄では注意しよう。

売気配（株）	気配値（円）	買気配（株）
200	1,000	
300	980	
100	950	
	940	400
	920	300
	880	300

成行で売り注文をした場合、すぐに940円で約定！

成行で買い注文をした場合、すぐに950円で約定！

※ほとんどの場合、すぐに約定するため、成行注文は板に反映されない。

発注価格を指定する指値注文

◎ 発注価格を
指定できる

希望の発注価格で取引できる。買い注文は発注価格以下で、売り注文は発注価格以上で約定する。

△ 注文が約定
しない可能性も

希望に合う注文がない限り、取引ができない。取引できそうな発注価格で注文することが大切。

売気配（株）	気配値（円）	買気配（株）
200	1,000	
300	980	
100	950	100
	940	400
	920	300
	900	100
	880	300

950円で100株の買い注文をした場合

すでに売り注文が出ているのですぐに約定！

900円以下の売り注文が出るまで約定しない

900円で100株の買い注文をした場合

第4章 株を売買してみよう

131

逆指値注文なら
条件をつけられる

基本の注文方法のほかに、逆指値注文という方法も知っておきましょう。

逆指値注文はすぐに利益を狙って高く買いたいときか、損失を減らすために安く売りたいときに使います。トリガー価格を設定できるので便利ですよ。

普通の注文とは逆ですね。トリガー価格とは何ですか?

逆指値注文では、「○○円まで下がったら売り注文を出す」、「○○円まで上がったら買い注文を出す」と条件をつけることができます。注文の発動条件になる「○○円」の部分がトリガー価格です。

注文の予約をしておくみたいな感じですね。

先に「○○円まで下がったら売る」と決めておけば、急激に株価が変動しても自動で対応できるんですね!

その通りです。逆指値注文を使えば、**トレイリングストップ**という方法で利益を出すこともできますよ。

トレイリングストップ
逆指値注文を使って、損失を少なくし、利益を少しずつ確定させていく方法。短期投資で有効。詳しくはP134。

指値注文と逆指値注文の違い

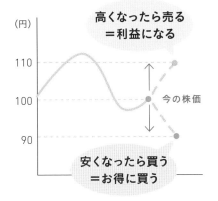

指値注文

(円)

110 ― 100 ― 今の株価

90 ―

高くなったら売る
＝利益になる

安くなったら買う
＝お得に買う

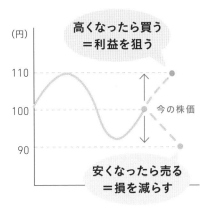

逆指値注文

(円)

110 ― 100 ― 今の株価

90 ―

高くなったら買う
＝利益を狙う

安くなったら売る
＝損を減らす

逆指値注文ならトリガー価格を設定できる

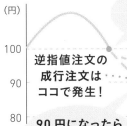

(円)

100 ―

90 ―

80 ―

トリガー価格を
90円に設定

逆指値注文の
成行注文は
ココで発生！

90円になったら
自動的に注文が
出される

90円以下にならなければ
注文は発生しない

逆指値注文の指値注文はココで
発生！（指値が80円のとき）

成行か指値か
選べますよ

逆指値注文では、注文時にトリガー価格を
設定し、トリガー価格達成後の注文方法を
選ぶ。条件を満たす前に有効期限が切れた
場合、注文は破棄される。

逆指値注文の応用

トレイリングストップで 損切り&利益確定できる

株は売らない限り損が確定しません。売るタイミングこそ重要なのです。

株をはじめると「昨日売っておけばよかった」「もう少し待てばよかった」と思う場面にしばしば遭遇します。そこで大切なのが、自分自身の基準で「売りの条件（トリガー価格）」を決めておくことです。

「トレイリングストップ」では、トリガー価格をロスカットラインとして、株価の変動に合わせて更新させていきます（→右ページ）。急激に株価が下がったときでも、ロスカットラインに達したら自動的に損切りができ、慌てることも悩むこともありません。また、株が上昇しているときには利益確定にも使えます。

長期投資ではあまり気にすることはありませんが、短期投資では売買のタイミングが重要です。購入後、ロスカットラインを決めて逆指値で売り注文を出すことで、上昇すれば株を持ち続け、下落すれば早々と損切りすることが可能です。特に株価の上昇が想定される取引や、相場の急変が想定されるときに有効です。

損切り

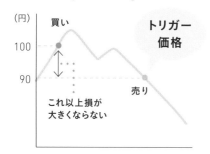

逆指値注文で「これより下がれば売る」という株価でトリガー価格を決めておくと、株価が下落しても損失を少なくできる。

利益確定

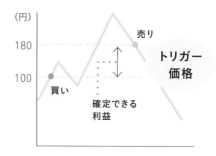

一度株価が上がった株に対し、「ここまで下がったら売る」という株価でトリガー価格を決めておく。無駄な損失を防いで利益を確定することができる。

トレイリングストップのやり方

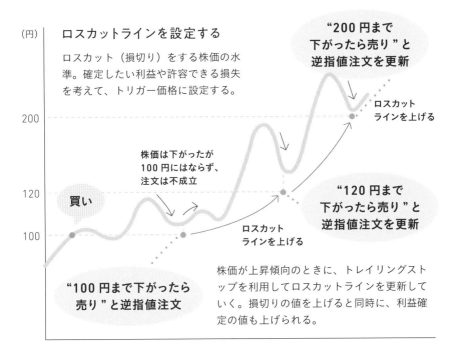

(円)

ロスカットラインを設定する

ロスカット（損切り）をする株価の水準。確定したい利益や許容できる損失を考えて、トリガー価格に設定する。

"200円まで下がったら売り"と逆指値注文を更新

ロスカットラインを上げる

200

株価は下がったが100円にはならず、注文は不成立

120

買い

"120円まで下がったら売り"と逆指値注文を更新

ロスカットラインを上げる

100

"100円まで下がったら売り"と逆指値注文

株価が上昇傾向のときに、トレイリングストップを利用してロスカットラインを更新していく。損切りの値を上げると同時に、利益確定の値も上げられる。

ロスカットラインの設定が大切

株価

ロスカットライン

条件を満たして売り注文が成立

売ったときより上がっている！ロスカットラインを上げておけば……。

逆指値注文

下がったから売ってよかった！

株価が下がりトリガー価格に達したら、売り注文が出される。売却後、売ったときよりもさらに株価が上がってしまうと「損をした」と感じることも。ロスカットラインの設定は慎重に行おう。

分散投資

分散投資でリスクを管理しよう

投資の世界には、分散投資の大切さを示す「卵は1つのカゴに盛るな」という格言があります。

〇〇自動車の株が1株500円だったので、自分の投資資金に合わせて200株買おうと思います。

投資資金のすべてを同じ会社に投資するのはリスクが高いですよ。リスクを抑えるために分散投資をしましょう。

そうなんですか……。じゃあ〇〇自動車と××自動車の株を100株ずつの方がいいでしょうか？

同じ業界の銘柄に偏るのも避けたいですね。例えば、自動車の部品が製造できないなど、業界全体に影響するできごとが起こる可能性があるからです。また、ツレ安になることもあります。そうしたリスクを避けるため、長期投資の場合は、時間を分散できるドルコスト平均法（→P44）を使うのもよい方法ですよ。

株を買うときは、株主優待などを受けられる株数も考えて、どの銘柄をいくつ買うのか決めないといけませんね。

ツレ安
ある銘柄の株価が下落したときに、同じ業種や関連銘柄も連動して株安になること。ある会社の株価が不祥事などで下がると、つられて同じ業種の株価も下がることが多い。反対にツレ高も起こる。また、同じ業種のなかでも、遅れてツレ高になる銘柄を出遅れ銘柄ともいう。

"卵は1つのカゴに盛るな"

資産

投資先

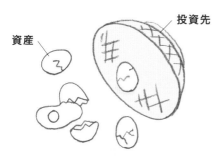

投資資産が集中すると……

1つの銘柄にすべての資金を投資する
のはリスクが高い。その銘柄が下がる
とすべての資産が減るので、大きな損
失につながる。

投資資産が分散すると……

投資先を分散すると、リスクも分散で
きる。1つの銘柄が下がったとしても、
ほかの資産には影響がないので、資産
を守ることができる。

分散するときの3つのポイント

 違う業種・業界に

業界全体の株価が下がるようなできごとが起きる
と、分散する意味がなくなってしまう。ツレ安にな
らないように、投資先を違う業界に分散しよう。

② **分散しすぎない**

分散しすぎて得られる利益が少なくな
ったり、手数料がかさんだりしてなか
なか資産が増えないと本末転倒。2〜
5銘柄くらいからはじめて、管理でき
る範囲で分散しよう。

③ **ポートフォリオをつくる**

管理できるように、どの銘柄をいくつ
保有しているのか記録する。ポートフ
ォリオにまとめれば、投資先が偏って
いないかひとめでわかる（→P138）。
売買のたびに更新しよう。

アプリも活用

資産を "見える化" しておこう

> 投資資産だけではなく、全資産を俯瞰して把握することが大切です。

　会社は決算書によってお金の動きを把握し、管理することで利益を大きくしています。個人のお金を増やす場合も同様に、資産を「見える化」して管理することが大切です。

　所有する資産の見える化に当たって、まずは「アセットアロケーション」で資産の内訳を大雑把に確認しましょう（→下図）。内訳は資産形成の目的によって変化します。

　投資の目的やバランスを整理するうえで、家族構成や収入、将来の計画などをまとめた「ライフプラン」を立てるのもよいでしょう。ネットのライフプランシミュレーションを使えば、将来必要なお金を自動で計算することもできます。

　そして、投資のリスクを分散させるため、具体的な投資対象の内訳を把握するには「ポートフォリオ」を使います（→右図）。資産管理アプリなどを活用すると、日々のお金の動きを一元管理でき、家計簿代わりにもなって便利です。

✏️ アセットアロケーションで全資産を見える化

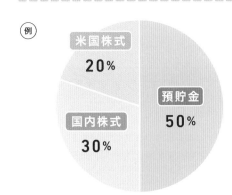

例

米国株式 20%
国内株式 30%
預貯金 50%

資産の割合を株、預貯金などに分け、割合を示したもの。資産を「増やす」ためであれば投資の割合を増やし、「守る」ためであれば預貯金の割合を増やすなど、その内訳は資産形成の目的によって変化する。

※そのほか、債券や投資信託、不動産、金なども資産分散の対象になる。持っていれば組み入れよう。

ポートフォリオで投資資産を見える化

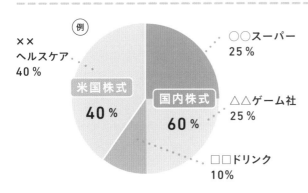

保有する金融商品の内訳を割合で示したもの。1つのジャンル、業界に偏らないように投資対象の具体的な組み合わせを決める。ただし、初心者は管理が大変なので多くても10銘柄程度に抑えた方がよい。

資産の見える化は意外と簡単！

証券会社の ホームページからつくる

アプリでつくる　おすすめ

例 SBI証券

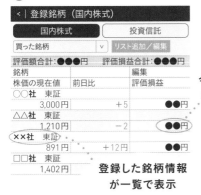

登録した銘柄情報 が一覧で表示

例 マネーフォワードME

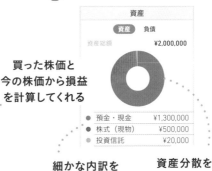

買った株価と 今の株価から損益 を計算してくれる

細かな内訳を 表で表示

資産分散を グラフで表示

取引を登録するだけ！

取引している証券会社で、購入した銘柄を登録すると、金額推移を確認できる。SBI証券に口座があればYahoo!ファイナンスでも登録・確認が可能。

口座を登録後は自動更新

保有している銀行口座や証券口座、クレジットカードの情報をアプリに登録すれば、投資資産だけでなく、すべての資産を一元管理できる。

第4章 ▼▼▼ 株を売買してみよう

売買の注意点

ストップ高・ストップ安に気をつけて

日本の株式市場では一定の株価までしか上昇・下落しない仕組みになっています。

国内株の取引には、値幅制限という1日ごとの変動幅の制限があります。

仮に株価が暴落や暴騰しても、一定の範囲内で収まるんですね。

その通りです。そして、値幅制限まで株価が上がるとストップ高、下がるとストップ安になり、取引ができなくなります。

どうして取引できなくなってしまうんですか？

株価が急激に変動するのは、買いたい人や売りたい人が殺到しているからです。そうなると、反対注文が足りなくなり、取引が成立しなくなるんです。

ストップ高が続いてしまったら、その銘柄はずっと買えないんでしょうか……。

ストップ高が連日続いたら、投資集団がわざとストップ高をつくっている可能性があるので、買わない方がよいでしょう。

値幅制限
株価が1日に動く変動幅の制限。急激な株価変動による市場の混乱を防いで、投資家を保護する目的がある。制限幅は株価によって異なる（→右ページ）。外国株に値幅制限はない。

暴落／暴騰
株価が急激に大きく下落／上昇すること。

ストップ高・ストップ安になる価格

基準値段 （1株当たり）	制限値幅 （1株当たり）
100円未満	±30円
200円未満	±50円
500円未満	±80円
700円未満	±100円
1,000円未満	±150円
1,500円未満	±300円

800円の株なら
950円がストップ高。
650円でストップ安に。

値幅は基準値段（前日の終値）ごとに決まっている。注文時は、制限内でしか価格を指定できないか、制限価格が表示されるため、いちいち確認は不要。

※日本取引所グループ「内国株の売買制度　制限値幅」より

板で確認しよう

売気配 （株）	気配値 （円）	買気配 （株）
― 売りがない ―		
		買い板に出たら ストップ高
Ｓ	1,000	Ｓ 1,500
売り板に出たら ストップ安	990	100
	980	100

Ｓマークが出たら
ストップ高／安の合図

値幅制限いっぱいまで価格が上昇／下落したとき、ストップ高／安を意味する「Ｓ」のマークが板に表示される。成行注文が大量に入ると、ストップになりやすい。

こんなマークにも注目

特（特別気配）
注文がどちらか一方に偏ったときに出るマーク。買いと売りのバランスが確保できるまで取引できなくなる。

注（注意気配）
直前に約定した株価から、大幅に高値／安値で注文が入ったときに出るマーク。注意喚起として表示される。

ネット取引の場合

株を注文してみよう！

株の注文は慣れたら簡単！ネットショッピングのようにできるようになります。

例 SBI証券

スマホで簡単にできる！

注文内容（→P126）を決めたら注文を出そう。はじめてでも簡単にできる。パソコンの場合もやり方は同じ。

① 注文したい銘柄を検索し、個別銘柄の表示画面を開く

板を見ることもできる　　　見たい情報を選べる

② 「取引」ボタンをタップし、取引方法を選ぶ

買い注文か売り注文かを選ぶ

信用取引には専用口座が必要（→ P54）

③ 注文内容を入力する

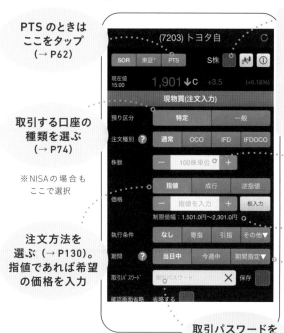

**PTS のときは
ここをタップ
（→ P62）**

**単元未満株（→ P30）で
注文するときは S 株
（SBI 証券の単元未満株）
にチェックを入れる**

単元未満株の注文方法は
証券会社による。専用の
アプリが必要な場合も。

**取引する口座の
種類を選ぶ
（→ P74）**

※ NISA の場合も
ここで選択

**注文方法を
選ぶ（→ P130）。
指値であれば希望
の価格を入力**

**注文数を
入力**

**値幅制限以内か
どうかもチェック
（→ P140）**

**注文の有効期限
（→ P126）を入力**

**取引パスワードを
入力して注文**

逆指値注文のとき（→P132）

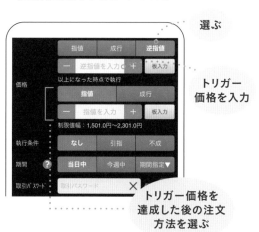

選ぶ

**トリガー
価格を入力**

**トリガー価格を
達成した後の注文
方法を選ぶ**

注文の前と後に
必ず内容の確認を！

注文を出す前に、注文内
容が間違っていないか確
認しましょう。注文後は、
きちんと注文が通ってい
るかも確認。注文内容が
間違っていた場合は、変
更や取り消しの手続きを
行います。

Q 株やNISA、投資信託以外の
投資にはどんなものがありますか?

A 比較的リスクの低い投資先として、
債券や不動産があります。

　株以外にもさまざまな投資先がありますが、ここでは株以外の代表的な投資、債券と不動産について紹介します。

　国債でおなじみの債券投資は、投資家が国などの公共機関や企業にお金を貸し出し、期限が来ると償還金として返ってくるもので、元本割れなどのリスクが低い投資方法です。

　不動産投資には、マンションやアパートなど、実物の不動産を購入して自分で管理する「実物不動産投資」と、共同で不動産に出資する「不動産投資信託（REIT[※]_{リート}）」があり、日本版のJ-REIT_{ジェイリート}もあります。実物不動産投資には巨額の資本が必要で

すが、REITなら株の投資信託同様、少額から投資できるのがポイントです。

　J-REITでは、商業ビルや鉄道などのインフラ、再生可能エネルギー施設などが投資の対象に含まれます。アメリカのREITでは、カジノや刑務所なども投資の対象になっています。ただし、不動産投資は社会状況に左右されやすいため、その点には注意が必要です。

　まずは株で着実に資産を増やし、知識や経験を積み重ねましょう。そして、投資に慣れて資産が増えてきたら、債券投資や不動産投資を選択肢に入れてもいいでしょう。

※不動産投資信託の英訳「Real Estate Investment Trust」の頭文字。

第**5**章

【売買のタイミング】
チャートで株価を
確認しよう

株価を確認し、高いか安いかわかれば、
売買のタイミングを決めるとき、参考になります。

チャートから
株価の傾向と
投資家たちの
気持ちがわかるよ

チャートの
きほん

チャートを見て
株価の高低を確認する

株価の動きをあらわしたチャートを読めるようになれ
ば、売買のタイミングを決めるときに役立ちます。

チャートには、❶株価、❷移動平均線、
❸出来高の３つの情報が載っています
（→右ページ）。

株価だけ載っているものと思っていまし
た。チャートからは、どんなことがわか
るんですか？

株のチャートは、過去の株価と比べて、
現在の株価が高いのか安いのか判断する
材料になります。チャートが読めるよう
になれば、株価の動向を予測して、売買
のタイミングを判断することができます
よ（→P162）。

チャートは、短期投資と長期投資のどち
らの場合でも確認しますか？

ええ。どちらの場合でも確認しましょう。
特に、短期投資の場合は、値上がり益を
得るために、売買のタイミングが大切にな
ります。長期投資の場合は、こまめに確認
しなくてもよいですが、株価が下がり続け
ている銘柄は買わないようにしましょう。

チャート
過去の株価の動きをグ
ラフ化したもの。株価
を分析するときに使う。
銘柄ごともしくは株価
指数（→P52）ごとに
確認できる。株情報サ
イト（→P24）や各証
券会社の銘柄情報ペー
ジなどで確認する。

チャートを構成する3つの要素

第5章 【売買のタイミング】チャートで株価を確認しよう

例　FOOD＆LIFE COMPANIES の株価の動き

1　株価

1株当たりの価格。いくらで取引されたのかを示す。

ローソク足であらわす
(→P150)

2　移動平均線 (→P158)

ある期間の株価の平均値をグラフにしたもの。テクニカル分析 (→P148)をするための指標の1つ。

3　出来高 (→P156)

取引が成立した数。棒グラフで表示される。

今の株価が高いか安いかがわかる

過去の株価の推移

今の株価

比べると安くなっていることがわかる

未来の株価はわからないが……

チャートは過去と比べて今の株価が高いか安いかを教えてくれます。今後の株価の動向を予測するときにも使いますが、チャートだけでは不確実なので、ファンダメンタルズ分析とあわせて使いましょう。

テクニカル
分析

テクニカル分析の第一歩
トレンドを覚えよう

チャートで最も大切なことの1つは、株価の大局的な動きを知ることです。

トレンドという言葉をよく聞くんですけど、これは何ですか?

株価の大局的な動きのことで、上昇、下降、横ばいの3つがあります。例えば、株価が上昇すると、注目が集まり「まだ上がるかも」という期待から買う人が増えて、さらに上昇していきます。こうしてトレンドが形成されるのです。

投資家の心理からトレンドが生まれるんですね。

その通りです。一度トレンドが生まれると、しばらくトレンドが続くことが多いんですよ。そのため、売買のタイミングの目安になるんです(→P162)。

今がどういうトレンドなのか、どうやって判断すればいいですか?

テクニカル分析をします。株をはじめたばかりの人はローソク足と移動平均線からトレンドを確認するだけでもよいです。

テクニカル分析
株価や出来高などからトレンドやパターンを読み取り、株価を分析する。なお、テクニカル分析には主にトレンド分析とオシレーター分析がある。トレンド分析ではトレンドを読み取る。オシレーター分析では株の買われすぎや売られすぎという過熱感を分析する。

トレンドには3つある

例 FOOD & LIFE COMPANIES の株価の動き

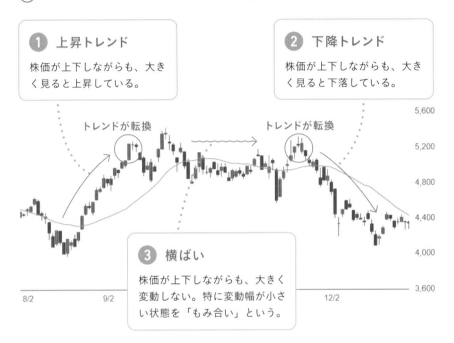

1 上昇トレンド
株価が上下しながらも、大きく見ると上昇している。

2 下降トレンド
株価が上下しながらも、大きく見ると下落している。

トレンドが転換

トレンドが転換

3 横ばい
株価が上下しながらも、大きく変動しない。特に変動幅が小さい状態を「もみ合い」という。

横ばいがないことも多い

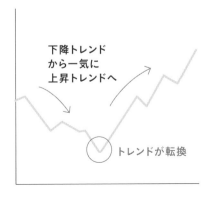

下降トレンドから一気に上昇トレンドへ

トレンドが転換

トレンドの使い方

トレンドの転換は取引の目安になる

上昇トレンドで買って下降トレンドになったら売るなど、トレンドが転換するときに株を売買するのが基本（→P162）。

ファンダメンタルズ分析と一緒に使う

株価はトレンドの中でも細かく上下する。ファンダメンタルズ分析（→第3章）と一緒に使えば、株価の細かな動きに惑わされず、より正確にトレンドを判断できる。

ローソク足
①

株価の変動をあらわす
ローソク足

株価を知るためには、ローソク足の見方を覚えましょう。
ローソク足は色によって意味が異なります。

 チャートには、株価を折れ線で表示する
ラインチャートやローソク足で表示する
ローソク足チャートなどがあります。

 チャートにも種類があるんですね。どっ
ちがいいんですか？

 ラインチャートでは終値しかわかりませ
んが、ローソク足チャートのローソク足
は、**始値・終値・高値・安値**がわかる
ようになっています（→右ページ）。

 4つの数値がわかるなんて、ローソク足
はすごいですね。

 それだけでなく、ローソク足は株価が上
昇したら赤、下落したら青になります。

 上昇したか下落したかもひとめでわかる
んですね！

 ローソク足は江戸時代に日本で発明され
たそうです。その便利さから、今では世
界中の投資家が使っていますよ。

ラインチャート
株価の終値を結んで折
れ線グラフで表示した
もの。

始値
取引期間中、最初につ
いた株価。

終値
取引期間が終了したと
きの株価。

高値
取引時間中に最も高か
った価格。

安値
取引時間中に最も低か
った価格。

ローソク足からわかること

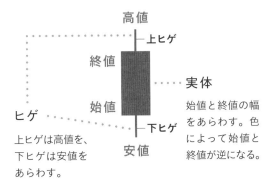

高値

終値

実体

始値

上ヒゲ

下ヒゲ

安値

ヒゲ

上ヒゲは高値を、
下ヒゲは安値を
あらわす。

実体

始値と終値の幅
をあらわす。色
によって始値と
終値が逆になる。

ローソク足

1つで一定期間の4つの値がわか
る。あらわす期間は1日（＝日
足
あし
）・1週間（＝週足
しゅうあし
）・1か月
（＝月足
つきあし
）など。短期投資では日
足、長期投資では月足など、投
資スタイルによって使い分ける。

実体の色に注目しよう

赤色のローソク足 "陽線
ようせん
"

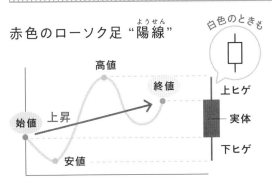

高値

終値

始値

上昇

安値

白色のときも

上ヒゲ

実体

下ヒゲ

上昇をあらわす

赤色（白色）のローソク足を陽
線という。始値から終値にかけ
て、株価が上がったことを示す。
そのため、実体の下が始値、上
が終値になる。

青色のローソク足 "陰線
いんせん
"

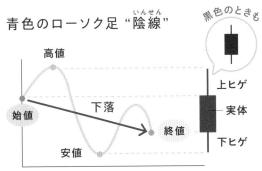

高値

始値

下落

終値

安値

黒色のときも

上ヒゲ

実体

下ヒゲ

下落をあらわす

青色（黒色）のローソク足を陰
線という。始値から終値にかけ
て、株価が下がったことを示す。
そのため、実体の上が始値、下
が終値になる。

ローソク足
②

実体の大きさに
注目しよう

実体が大きいほど、株価が勢いよく上昇または下落した
という意味になります。

ローソク足は4つの値をあらわしますが、それぞれの数値によって形が変わります。まずは、実体に注目してみましょう。

チャートを見ていると、実体が大きいものと小さいものがありますね。

実体の大きさは上昇（買い）や下落（売り）の勢いをあらわしています。

板でも勢いを見ましたね（→P128）。ローソク足では、どう読み取るんですか？

ローソク足の色と大きさで判断しましょう。買いの勢いが強いときは赤、売りの勢いが強いときは青で、実体が大きくなります。

反対に実体が小さいと勢いが弱いということですね。

そうです。ローソク足は形によって名前がついていて、実体に関しては、右ページの5つのローソク足がありますよ。

4つの値

始値・終値・高値・安値のこと。まとめて「四本値」という。

勢いをあらわす5つのローソク足

実体が大きいとき

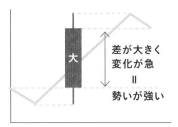

① 大陽線（だいようせん）

上昇の勢いが強い

株価が急激に大きく上昇したということ。上昇の勢い（買いの勢い）が強く、株価は上昇傾向にある。

② 大陰線（だいいんせん）

下落の勢いが強い

株価が急激に大きく下落したということ。下落の勢い（売りの勢い）が強く、株価は下落傾向にある。

実体が小さいとき

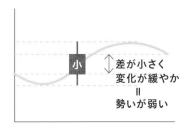

③ 小陽線（しょうようせん）

上昇したが勢いは弱い

株価が少しだけ上昇したということ。買いと売りどちらにも勢いがなく、株価の傾向がわかりにくい。

④ 小陰線（しょういんせん）

下落したが勢いは弱い

株価が少しだけ下落したということ。買いと売りどちらにも勢いがなく、株価の傾向がわかりにくい。

実体がないとき

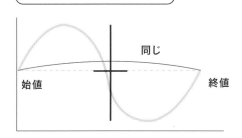

⑤ 十字線

実体がない状態。株価が変動したものの、最終的に株価が変化しなかったということ。買いと売りの勢力が拮抗し、株価の傾向がわかりにくい。

ローソク足
③

ヒゲの長さに
注目しよう

株価の上昇と下落の幅をあらわすヒゲは、市場の心理も
あらわしています。

次に、ローソク足のヒゲの長さにも注目しましょう。上ヒゲと下ヒゲを合わせたローソク足全体の長さは、一定期間でどれだけ株価が変動したのかをあらわしています。

ヒゲが長いと、さまざまな価格で取引されたということですね。

ええ。そういうときは、投資家たちが株価をいくらで売買するのか決めかねているといえます。

チャートを見ていると、上ヒゲがないローソク足や、下ヒゲがないローソク足もありますね。

カラカサと**トンカチ**と呼ばれるローソク足ですね。ローソク足には、ほかにもいろいろな呼び方や形がありますが、まずは153ページの5つと右ページの6つだけ覚えればOKですよ。上ヒゲが長いときと下ヒゲが長いときで意味が異なるので、その点はしっかり押さえましょう。

カラカサ
上ヒゲがなく、下ヒゲが長いローソク足のこと。右ページに出てくる下影陽線と下影陰線よりも迷いが少ない。

トンカチ
下ヒゲがなく、上ヒゲが長いローソク足のこと。上影陽線と上影陰線よりも迷いが少ない。

154

市場の迷いをあらわす6つのローソク足

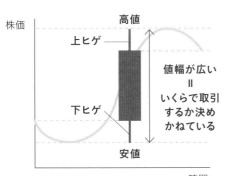

高値と安値の幅が大きいということは、さまざまな価格で取引されたということ。つまり、投資家たちがその銘柄の株価をいくらにするか決めかねている、迷っている状況といえます。

① うわかげようせん
上影陽線

② うわかげいんせん
上影陰線

③ したかげようせん
下影陽線

④ したかげいんせん
下影陰線

上ヒゲが長いとき

株価が大きく上昇したものの、終値にかけて大きく下落した。上昇の勢いが弱まったということ。

下ヒゲが長いとき

株価が大きく下落したものの、終値にかけて大きく上昇した。下落の勢いが弱まったということ。

⑤ ようせんぼうず
陽線坊主

⑥ いんせんぼうず
陰線坊主

ヒゲがないとき

投資家たちに迷いがなく、株価がずっと上昇し続けた、もしくは下落し続けた。⑤は買いの勢いが、⑥は売りの勢いが非常に強く、今後も勢いが続くことが多い。

出来高を見て参加者が多い株を選ぼう

出来高が多い株を選べば、流動性リスクを減らすことができます。

株を買うときは、株価だけではなく、出来高にも注目しましょう。出来高とは約定した注文数のことで（→P146）、チャートでは棒グラフになっています。

出来高からは、どんなことがわかるんですか？

出来高の多さは活発な取引の証拠です。短期投資の場合は、出来高が多い銘柄を選ぶとよいですよ。1日に1度も約定しないような銘柄は、取引したいときにできない可能性があるので避けましょう。

出来高が多いほど、流動性リスク（→P27）が低いということでしょうか？

時価総額の高い企業の株、いわゆる大型株は普段から出来高が多いですが、それ以外の株（中型株・小型株）で出来高が急増した場合は要注意です。何か材料（→P36）が出ている可能性があります。出来高が増えているか判断するために、普段の目安を知っておくことも大切ですね。

大型株
TOPIX（→P53）構成銘柄のうち、時価総額と流動性が高い上位100銘柄のこと。

中型株
大型株の次に、時価総額と流動性が高い上位400銘柄のこと。

小型株
大型株と中型株以外の株のこと。

出来高が多い＝注目度が高い

出来高が多い銘柄

その銘柄への注目度が高いということ。流動性が高く、約定しやすい。出来高が1日に100万株以上だと流動性に優れている銘柄といわれている。出来高が多い株には人気株が多いので、すでに株価が高く値上がり益を狙いにくい。

出来高が少ない銘柄

その銘柄への注目度が低いということ。買いたいときに買えない、売りたいときに売れない可能性が高く、希望の価格で約定することも難しくなる。株価が低い株が多いので、値上がり益を得られる可能性はある。

出来高が急増したら理由をチェック！

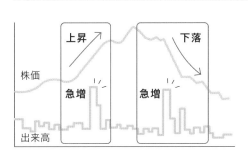

理由がわからないときは要注意！

ある投資家や投資家集団が、株価を操作して利益を狙おうと、わざと大量に取引している可能性もあります（仕手株）。理由がわからないときは手を出さない方が安心です。

出来高が急増し株価が変動したら、売買したい人が急に増えたということ。株価が上昇するならよいニュースが、下落するなら悪いニュースが出ている可能性がある。

テクニカル
指標

移動平均線から
トレンドを確認する

移動平均線を見れば、ローソク足よりも確実にトレンド
を把握することができます。

移動平均線とは一定期間の株価の平均値
をグラフにしたもので、**テクニカル指標**
の1つです。期間によって、短期移動平
均線、中期移動平均線、長期移動平均線
に分けられます（→右ページ）。

期間によって、平均線の動きが全然違う
んですね。長期移動平均線は、すごく緩
やかに上下しています。

どの移動平均線を使うかによって、読み
取るトレンドが変わります。また、移動
平均線は組み合わせて使う場合もあり、
2つの異なる移動平均線が交わる**ゴール
デンクロス**と**デッドクロス**は、株価変動
の合図といわれています。

それを見極められたら、売買のタイミン
グを決めるときに役立ちそうですね！

そうですね。しかし、ゴールデンクロス
もデッドクロスも結果論です。株価だけ
を見て売買の判断をするのはやめておき
ましょう。

テクニカル指標
テクニカル分析（→P
148）をするための指
標。移動平均線や
MACD（マックディー）、ボリンジャー
バンド、RSI（アールエスアイ）など、さ
まざまな指標がある。

ゴールデンクロス
長期移動平均線の下か
ら、上昇中の中期移動
平均線が交わったとこ
ろ。ゴールデンクロス
の後に株価が上昇する
ことが多い。

デッドクロス
下落中の中期移動平均
線が、上から長期移動
平均線と交わったとこ
ろ。デッドクロスの後
に株価が下落すること
が多い。

移動平均線があらわす"一定期間"とは?

〈5日移動平均線の場合〉

日付	1	2	3	4	5	6	7	…
終値	100	90	100	110	130	120	140	…

⇓

5日間の平均 ＝106

＝110

＝120

グラフにすると

移動平均線

120

106　　110

移動平均線とは、一定期間の株価の平均値をグラフにしたもの。平均値を計算する期間によって、短期（5日間、25日間など）・中期（75日間など）・長期（200日間など）に分かれる。

移動平均線によってトレンドの見え方が違う

中期移動平均線（緑線―）

ローソク足よりも大きなトレンドがわかる。短期投資でも長期投資でも有効。

長期移動平均線（黄線 ）

動きがとても緩やか。長期投資で特に有効。

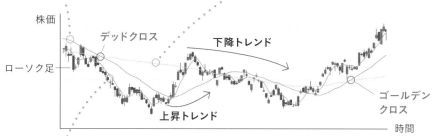

株価

デッドクロス

下降トレンド

ローソク足

ゴールデンクロス

上昇トレンド

時間

短期移動平均線（ピンク線―）

ローソク足とほぼ同じ動きになる。短期投資で有効。

中期移動平均線で上昇トレンドでも、長期移動平均線では下降トレンドの場合もあります。注目する移動平均線によって見えるトレンドが違うので、投資スタイルによって使い分けましょう。

ローソク足と移動平均線からトレンドを確認しよう

ローソク足と移動平均線でトレンドを確認すると、売買のタイミングを決めるときにとても役立ちます。

 ローソク足と移動平均線の意味がわかったところで、右ページのチャートを見てみましょう。

 チャートを見ていると、上昇トレンドのときは陽線が、下降トレンドのときは陰線が目立ちますね。

 陽線と陰線のどちらのローソク足が続いているかは、現在のトレンドを判断するための大切なポイントです。また、ローソク足と一緒に移動平均線を見ると、より正確にトレンドを確認できますよ。

 ローソク足とローソク足の間が空いているところがありますが、これはどうしてですか？

 窓といって、急に株価が変動したときに見られます。ファンダメンタルズ分析やニュースをチェックするなどして、理由を考えてみましょう。窓が開いていないときでも、トレンドが変化しそうな材料がないか確認することも大切です。

窓
隣り合うローソク足で、安値と高値が離れているときに生じる空白のこと。「空（くう）」ともいう。取引がない時間に株価に大きく影響するニュースが出たときによく見られる。窓ができることを「窓が開く」という。

今のトレンドを考えよう

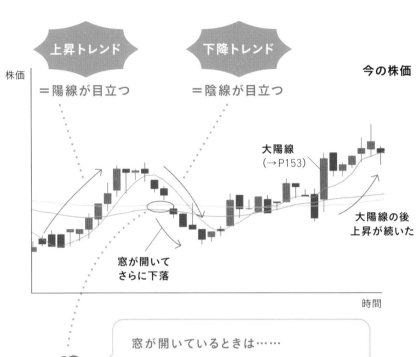

上昇トレンド
＝陽線が目立つ

下降トレンド
＝陰線が目立つ

今の株価

株価

大陽線
（→P153）

大陽線の後
上昇が続いた

窓が開いて
さらに下落

時間

窓が開いているときは……
窓が開いた後は、さらに株価が上がるもしくは
下がることが多いです。企業に関連するニュー
スや業績などを確認して、窓が開いた原因を探
しましょう。

トレンドをチェック

☑ 陽線と陰線のどちらが
　続いている？

☑ ローソク足の形は？

☑ トレンドが続くor
　転換しそうな理由はある？

☑ それぞれの移動平均線
　から読み取れるトレンドは？

今が3つのトレンド（→P149）の
どのトレンドなのかを把握する。ト
レンドはいつ変わるかわからないの
で、ファンダメンタルズ分析も行う。

トレンドに乗る"順張り"と 逆らう"逆張り"

順張りか逆張りかによって、売買のタイミングは真逆に なります。

 売買のタイミングには大きく2つありま す。1つは、トレンドに乗って売買する 順張りです。上昇トレンドで買い、下降 トレンドになったら売る方法です。

 現在のトレンドを判断して、トレンドに 沿って売買するんですね！

 トレンドが続けば、すぐに含み益になり ます。反対に、逆張りという方法では下 降トレンドで買い、上昇トレンドで売り ます。

含み益
株を購入後に株価が上 がったが、まだ換金し ておらず確定していな い利益のこと。反対に、 まだ確定していない損 失を含み損という。

 株価が下がっている途中で買うのは、ち ょっと勇気がいります……。もし、株価 がそのまま上がらなかったら、利益にな りませんよね。

 はじめのうちは順張りの方がやりやすい かもしれません。逆張りは、ファンダメ ンタルズ分析ではよかった会社の株価 が、一時的に下がっているときには有効 ですよ。自分の分析の結果もふまえて、 売買のタイミングを考えましょう。

順張り・逆張りのメリット＆デメリット

順張り	逆張り

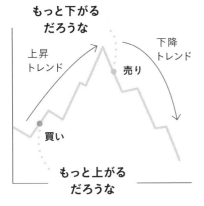

順張り

もっと下がる
だろうな

上昇
トレンド

下降
トレンド

売り

買い

もっと上がる
だろうな

逆張り

そろそろ下がる
だろうな

下降
トレンド

上昇
トレンド

売り

買い

そろそろ上がる
だろうな

◎ すぐに利益になりやすい

上昇トレンドの途中で買うので、トレンドが続けばすぐ含み益になる。

◎ タイミングがわかりやすい

トレンドが転換したら売買するので、売買のタイミングを考えやすい。

△ 大きな利益になりにくい

上昇トレンドのなかの下落を下降トレンドだと思って売ってしまうと、利益が小さくなる。

△ 高値で買う可能性がある

上昇トレンドのはじまりではなく、終わりに買うと高値で買うことに。

◎ 大きな利益が狙える

底値付近で買うことができれば、順張りよりも利益が大きくなる。

◎ 安値で購入しやすい

下降トレンドで買うので、株を安く買うことができる。

△ 利益が出るまで時間がかかる

トレンドが転換しないと利益にならないので、すぐには利益が出にくい。

△ 買いの判断が難しい

下降トレンドで買い、ずっと下落が続くと損失になってしまう。

売買の
タイミング②

ナンピン買いで
下落を利益に！

注意点を守れば、初心者でも株価が下がった株を買い増す「ナンピン買い」で利益を狙うことができます。

 買った株が下落してしまったら、どうしたらよいのでしょうか？

 1つは、損切り（→P134）のために売ってしまう方法があります。そしてもう1つは、持っている株が下がったときに買い増して平均購入単価を下げる、ナンピン買いという方法があります。

 株価が下がったときにたくさんの株を買うのは、ドルコスト平均法（→P44）に似ていますね！

 安いときに買って平均購入単価を下げるので、確かに似ていますね。

 株価が下落しているときは、いつでもナンピン買いをしていいんですか？

 いいえ。株価が下落を続けてしまうと損失が大きくなってしまいますから、株価が上がる見込みがあるときだけにしましょう。特にツレ安（→P136）の場合は、ナンピン買いで利益を狙いやすいですよ。

平均購入単価
1株当たりの購入額のこと。買ったときの株価の合計金額÷株数で求める。

ナンピン買い
保有している銘柄の株価が下がったとき、さらに買い増しをすることで平均購入単価を下げること。

下落したときに買い増す！

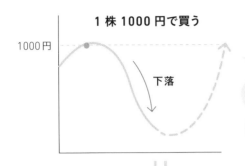

1株1000円で買う

1000円

下落

> 1株当たりの購入額は
> 1000円。
> 1000円以上にならないと
> 損失になる

ナンピン買い

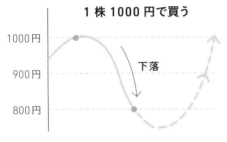

1株1000円で買う

1000円

900円

800円

下落

1株800円で買い増す

1株当たりの
平均購入額は900円。
900円になれば
利益と損失は±0。
900円以上で
利益になる！

**株価が上がらなければ
損失が大きくなる**

ナンピン買いをする前にチェック！

☑ どうして株価が下がって
いるのか？

☑ 応援できる会社か？

☑ 今後、株価が上がる
見込みはあるか？

投資の世界には「下手なナンピン、ス
カンピン」という言葉があります。間
違ったナンピン買いは損失を広げるこ
とになるので、今後株価が上がる会社
かどうか見極めましょう。

ゲーム感覚で勉強！

デモ取引を使って株の練習をしよう

刻々と変化する株価や注文方法に慣れるために、練習をしましょう。

株の売買には独特なルールがあるので、慣れることも大切です。その点、仮想の資金を利用して投資を行うことができるデモトレード（以下、デモ取引）は練習に最適です。

デモ取引は、特に短期投資の経験を積むのに向いています。いくつかのサイトで、仮想の100万円（金額は各サービスによって異なる）を元手に、買った銘柄がどうなるのかを試してみましょう。できればリアルタイムに近い形で取引できるものやほかの人の取引記録が見られるものがおすすめです。あくまでデモなので、たとえ失敗してもお金はなくなりません。いきなり本番に臨んで大切なお金を失うことのないように、ここでしっかり練習しましょう。

なお、長期投資の場合は証券会社のサイトにあるつみたてシミュレーションなどで運用のシミュレーションをする方法がおすすめです。

主な無料デモ取引サービス

株たす

無料のスマホアプリ。実際の株価でデモ取引ができる。株に関する記事が読めたり、株クイズで勉強できたりする。

moomoo

実際の株価で、海外株のデモ取引もできる。ほかの人の取引情報なども確認でき、パソコンでもスマホでも無料で利用可能。

株マップ

株情報サイトの「株マップ.com（→P24）」内で無料ゲームとしてデモ取引ができる。パソコンでもスマホでも利用可能。

トウシカ

無料のスマホアプリ。1日3銘柄まで売買のシミュレーションができ、つみたて投資のシミュレーションも可能。

取引の練習・勉強ができる！

「moomoo」の画面の一部を紹介。

銘柄情報

実際の株価と同じ！

コメントやニュースも見られる

成行・指値・逆指値から選ぶ

注文の練習もできる

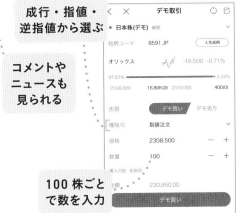

100株ごとで数を入力

ほかの人の取引を学ぶ

ほかの人のユーザーページを開くと……

どの株を何株持っているかわかる

いつ・どの株を何株注文したのかわかる

ランキングから取引をチェック！

日本株、米国株、香港株など、国ごとに週間の利益率でユーザーランキングが確認できる。上位者がどんな取引をしているか確認するといい勉強になる。

Q

テクニカル分析をすれば、必ず儲かるんじゃないんですか?

A

テクニカル分析はとても複雑な分析手法です。活用するなら本格的な勉強を。

株価が上がるか、あるいは下がるか、テクニカル分析によって当てることができたらいいですよね。これから株をはじめる人の多くが、同じ考えを持っているかもしれません。

しかし、チャートはあくまでも過去の動向であり、そこから株価を予測し当てることはとても困難です。現在の状況や起こっている現象を確認するために使うのがよいでしょう。

例えば、株価や出来高に急激な変化があったときには、関連するニュースを確認し、要因をよく考えることが大切です。そうした勉強の積み重ねが、今後の投資にきっと役立つでしょう。

そもそも1つの指標だけでは、何も判断・予測することはできません。これは、ファンダメンタルズ分析でも同じです。売買の頻度によっても、ローソク足チャートで見るべきローソク足は変わりますし、指標の種類や確認点も変わります。

まずは基本のルールを押さえ、トレンドの見極めをしっかりと行い、売買のタイミングをはかれるようにしましょう。

テクニカル分析は資格などもある複雑な分析手法です。はじめはファンダメンタルズ分析がしっかりできていれば十分。知っている会社をしっかり分析したうえで株を買いましょう。

うまく続けて いくための コツを知ろう!

安心、安全に長く株を続けていくうえで知って
おきたい予備知識や失敗しないためのコツ、
心構えを紹介します。

損失を
減らすための
コツもあるよ

売りどき

売りどきは
最初に自分で決めておく

ここまでで基礎知識はばっちり。ここからは買った株を
守り、上手に株を続ける方法を紹介します。

私は、一度買った株は長く持つようにしていて、基本的に「目標を達成した」「もっといい株を見つけた」「条件が変わった」ときに株を売ります。

意外とシンプルですね。株価で判断することはないんですか？　本やネットにはいろいろな方法が書いてありました。

その場合、自分が許容できる損失を超えたら売ります。「株価が○％下がったら売る」など、損失のボーダーラインは、あらかじめ決めておきます。

長期投資の場合、ボーダーラインは設定しなくてもいいですか？

株式市場は、長期的に見れば経済成長とともに上昇することが多いので、しっかりと企業を分析したうえで買った株であれば、長く持つことで利益を得られる可能性が高いです。ただし、株価はいつ変動するかわかりません。長期投資でも、ボーダーラインは設定した方がいいですよ。

本やネット
株の情報を得たり、株を学んだりする方法はたくさんある。本や株専門の雑誌、サイトなどのほか、セミナーやオンラインスクールなどもある。

ボーダーライン
株を売る損失率（％）や損失額（円）を、銘柄ごとに決めておく。ボーダーラインに達したら機械的に売ることが大切だが、一時的な下落の場合もあるので、理由を確認しよう。

株を売るのは例えばこんなとき

☑ 投資目標を 達成した

目標の金額に到達したときに売る。目標の金額は、投資の目的に応じて、銘柄ごとにあらかじめ決めておく。

☑ もっといい株を 見つけた

今持っている株を売って、その資金でより資産を増やせそうな株を買う。投資資金に余裕があれば、追加で株を買ってもよい。

☑ 買ったときの条件が 変わった

次の3つのポイントを確認して、買ったときの理由がなくなっていたら売りどき。

Point ① 好きな商品・サービスがなくなった

企業の売上の減少に加えて、応援したい理由がなくなったら売りどき。まだ応援したい、経営を再建できると思えるのなら、持ち続けてもよい。

Point ② 将来性がなくなった

特に長期投資では、企業の将来性に期待し投資しているはず。売上が下がり続けているなど将来性がないと思えば、損失が大きくなる前に売った方がよい。

Point ③ 社長が変わった

社長が変われば、経営戦略や会社の風土や文化も変わる。会社の中身が別物になれば売りどきに。特に、カリスマ性のある創業社長が交代する場合は、売却も視野に検討しよう。

上の3つ以外に、値上がり益を狙うときや損切りが必要なときは株を売る。自分の目的や状況に合わせて売りどきを考えよう。

損切り①

「いつか上がるかも」で持ち続けない！

株価が下がり続けているのに、損失を恐れて売りどきを逃すのは、金銭的にも心理的にもよくありません。

 投資のなかで1番難しいのは売りのタイミングだといわれています。

 自分で決めた売りどきや損失のボーダーラインに従って売ればいいんですよね？

 そうなんですが、売りを決断できない人が多いんです。株価が上がっていても、下がっていても売れないのが人間の心理なのです。

 うーん。たしかに、下がったときに売ると損失が確定するから、上がることを信じて売りたくないですね。

 株価が上昇中でも、もっと上がるかもしれないと思って売れなくなるかも……。

 根拠がないのに、株価が上がると期待するのはよくありません。塩漬け株になる原因です。塩漬け株になってしまうと、資産が固定されるだけでなく、心理的な負担も増えてしまいます。冷静に判断し、売りどきを逃さないようにしましょう。

塩漬け株
株価が下落しているのに、損失が確定することを恐れて売却できずに持ち続けている株のこと。

"売りどき"を逃さないことが大切！

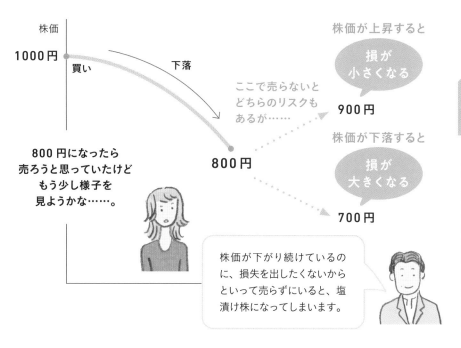

株価

1000円

買い　　　下落

800円になったら
売ろうと思っていたけど
もう少し様子を
見ようかな……。

ここで売らないと
どちらのリスクも
あるが……

株価が上昇すると

**損が
小さくなる**

900円

株価が下落すると

**損が
大きくなる**

700円

800円

株価が下がり続けているのに、損失を出したくないからといって売らずにいると、塩漬け株になってしまいます。

第6章

うまく続けていくためのコツを知ろう！

塩漬け株にしないために

"頭と尻尾はくれてやれ"

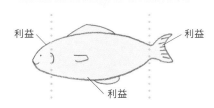

利益　　　　　　　利益

利益

投資の世界の格言。頭から尻尾まで、すべての利益を得ようと欲張らず、売りどきを逃さないよう多少の利益分は気にしないで割り切るということ。

"買い増したいか"を
自分に聞いてみる

株価が下落した株を買い増したいと思えないのなら売る。もし、安く買えてラッキーだと思うなら、持っておくかナンピン買い（→P164）してもよい。

173

損切り②

失敗から学ぶ！
株は基本を守れば安全

ここでは、初心者が失敗しやすい例を紹介します。失敗から学んで、取引に活かしましょう。

これまで株について学んできましたが、大きな損をしてしまわないか、うまくやっていけるのか、少し不安です……。

よくある失敗例を知ることでリスクを減らせますよ。初心者が陥りやすい失敗は、右ページの３つです。

どれもやってしまいそうです。

徹底してほしいのは"知らない会社には投資しない"こと。それから、"許容できないリスクは負わない"ことです。

どちらも基本的なことですね。株を買う前に会社についてきちんと調べて、資産を増やせそうな会社に、できる範囲で分散投資（→P136）するということですよね！

その通りです。また、投資期間を決めたら守ることも大切ですね。投資期間に合わせて銘柄を選んでいるので、投資期間を守らないことは、失敗のもとです。

知らない会社には投資しない

株の基本ルールの１つ。株を買うときは、会社を知ることからはじめよう（→第3章）。

許容できないリスクは負わない

投資したお金は、減ってしまう可能性がある。あらかじめ決めた投資金額（→P13）よりも多く投資したり、借金をして投資したり、信用取引（→P54）を重ねたりしない。

初心者によくある 株の失敗例

銘柄を雑に選んでしまう

AI 関連って
上がりそうじゃない？

SNS で
話題になってる！
早く買わなきゃ

調べる時間をきちんと取らず、雰囲気で購入して失敗することが多い。面倒で調べない場合や、いち早く買おうと焦ってしまう場合に多い。

一度に大金を投資する

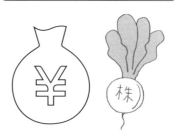

ボーナスなどを一度に投資して失敗することも多い。大金を失うと、株をやめる原因にもなる。投資金額が大きくなると、狙える利益だけでなく、リスクも大きくなることを忘れずに。

自分で決めたルールを守らない

長期投資のつもりが
すぐに売ってしまう

下がってきたし
不安だから売ろう

その後上昇

売り

もっと持って
おけばよかった

長期投資のつもりで購入したのに、目先の株価の変動に惑わされて売ると失敗してしまう。不安にならないよう、しばらく株価を確認しないでおくのがよいこともある。

短期投資のつもりが
売れなくなる

目標を超えたけど
まだ上がりそうだか
ら持っておこう

あのとき
売っておけば
よかった

目標

その後下落

売りどきを見失うと塩漬け株（→P172）になる可能性が高い。まだ上がると信じて売れなくなることや、下落したのに損切りできず売れなくなることが多いので注意する。

ヒント①

社会の変化や流行に
注目しよう

流行に敏感であること。これは株を続けるうえで大きな
アドバンテージになります。

流行によって株価が上がることがよくあ
ります。世間の流行に敏感になることも、
株式投資をするうえで大切なスキルです。

流行すると、それに関連した会社の利益
が上がるから、株価も上がって買いたい
人も増えるということですね。

その通りです。いち早く流行に気がつけ
ば、株価が上がる前に株を買うことがで
き、値上がり益を狙えますよ。

流行にいち早く気づくには、どうしたら
よいのでしょうか……？

街のなかやコンビニ、電車のつり広告や
SNSなど、日常にヒントはあふれてい
ますよ。"遠くのものは避けよ"という
格言もあります。自分の好きな分野であ
れば、情報を仕入れやすいので、早く気
づきやすいかもしれませんね。

好きなものにアンテナをはって、お金を
増やすことができたら楽しいですね！

"遠くのものは避けよ"
投資の世界の格言の1
つ。「遠くのもの」つ
まり、自分がよく知ら
ない分野の銘柄は購入
しない方がよいという
こと。

流行によって株価は上がる

例 東映アニメーションの株価

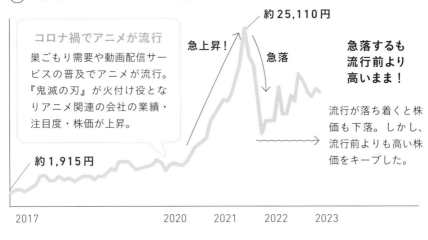

約25,110円

急上昇！

急落

**急落するも
流行前より
高いまま！**

流行が落ち着くと株
価も下落。しかし、
流行前よりも高い株
価をキープした。

コロナ禍でアニメが流行
巣ごもり需要や動画配信サー
ビスの普及でアニメが流行。
『鬼滅の刃』が火付け役とな
りアニメ関連の会社の業績・
注目度・株価が上昇。

約1,915円

2017　　　　　2020　2021　2022　2023

ヒントは身近なところにある

いつも行列の店だ

大人気だね

人気のなの味
〇〇屋
ラーメン

ラーメン

街角やSNS

新しくできる店やSNSの口コミなどが、
新しい流行を生み出すことも。

**スーパーや
コンビニ**

商品棚の目線の高さには、売
れ筋の商品が並んでいる。新
商品も流行に気づくヒントに
なるかも。

広告

テレビやネット、電車やバス、
新聞などの広告をチェック。
広告を出せるほど会社の業績
がよいかどうかや、力を入れ
ている事業がわかる。

ヒント②

ニュースから
"上がる株"を見つける

ニュースは日々確認することが大切です。習慣にして、
経済に興味を持つとよいでしょう。

日々のニュースは欠かさずチェックする
ようにしましょう。

投資した会社のニュースは気になります
ね。業績修正（→P104）や不祥事など
があるかもしれないし！

ニュースを知るには、やっぱり新聞を読
むのがよいのでしょうか？

どの媒体でもOKです。まずは、自分が
見やすいものを見て、慣れてきたら、同
じニュースをいくつかの媒体で比較して
みましょう。

何でもうのみにしないことが大切ですね。

そうです。そして、経済だけでなく、ス
ポーツや文化などに注目すると、流行や
社会の変化に気がつくこともありますよ。

どんな情報でも株のヒントになるんです
ね。ニュースの見方が変わって楽しくな
りそうです！

媒体
ニュースを確認できる
媒体には、テレビやネ
ット、新聞、ラジオな
どがある。テレビなら
各番組、ネットなら各
サイトで情報を比較す
るとよい。

特に注目しておきたいニュース

会社のニュース・IR情報の更新

気になる会社や保有銘柄のニュースは特に注目。すぐに値上がり益がほしい場合、日本経済新聞を確認し自社株を買う（→P37）会社を狙ってもよい。

政治・国際情勢

戦争やテロは各国の経済政策・活動に影響する。日本はアメリカとの経済的な結びつきが強いため、アメリカの経済政策を左右する大統領選は、日本株への影響が大きい。

文化・スポーツ

新しい文化は流行を生み出すことも。また、スポーツなどの世界大会の開催地やその周辺の飲食店、スポーツメーカーなど関連銘柄の株価は上がりやすい。

天候・災害

日照時間が少ないなどで作物が不作だと、関連する食品関係の株価は下がる。日本は資源や作物を輸入に頼っているため、他国の災害の影響も受けやすい。

どんなときにも"上がる株"はある！

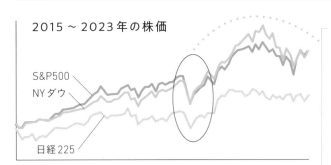

2015〜2023年の株価

S&P500
NYダウ
日経225

コロナショック

コロナウイルスの蔓延により、世界的に経済が低迷、株価が暴落した。
↓
上がった株

自宅で過ごす人が増え、オンラインサービスを提供するITや家庭用ゲーム機関連などの株価が上昇。

経済危機は数十年に1度起こるが、社会が変化すると新しい事業も起こるので、どんな状況でも上がる株はある。日常生活やニュースのヒントをもとに上がる株を探そう。

アンテナをはる

普段の生活から
株のヒントを得よう

暮らしのなかの新しい変化を見つけ、株価が上がる株を考えましょう。

 ## アンテナのはり方　2つのポイント

Point

① **"新しいもの"に注目！**

よく見聞きすることや新しいビジネスに注目

ヘルスケアやメタバース、宇宙旅行など新しいビジネスには市場も敏感に反応する。テレビやネット、街角などで最近耳にしたり目につく事柄に、どんな企業が関わっているか調べてみよう。

もしもスマホの普及に気づいていたら……

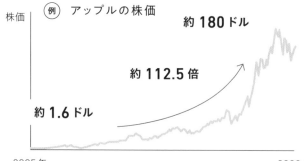

株価

例 アップルの株価

約 **180** ドル

約 **112.5** 倍

約 **1.6** ドル

2005年　　　　　　　　2023年

スマホのように、これまでなかったものが登場し、社会の大きな変化に関わっていくことがある。いち早く変化に気づくには、新しいものに寛容になるマインドが大切。

Point
❷ 連想して未来を予測！

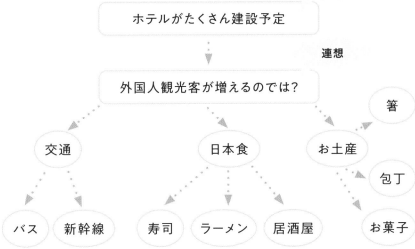

ニュース

ホテルがたくさん建設予定

連想

外国人観光客が増えるのでは？

交通　　　　　日本食　　　　　お土産

箸
包丁

バス　新幹線　　寿司　ラーメン　居酒屋　　お菓子

**どんなものの
利益が
上がるかな？**

株式投資では、先々の状況を見据えることが大切。現在のニュースやできごとから連想を広げ、利益が上がりそうな銘柄を考えよう。ただし、考えることは皆同じ。アップダウンは必ずあるということも忘れずに。

　アメリカのあるご婦人の話です。彼女は毎日行くスーパーマーケットで、目線の高さにある商品を購入し、気に入った商品の企業研究を繰り返して投資をしました。その結果、コツコツと資産を増やして年利平均で13％のリターンを実現しました。

　アンテナをはり続ける大切さがよくわかるエピソードです。株をはじめると、自然と投資している会社の様子や業界のニュースに敏感になり

ます。これを習慣にして、ぜひ継続しましょう。

　また、社会の未来を予測することは気長に投資する姿勢にもつながります。視界を広げて国内外のニュースや社会の変化の兆しに注意して、株のヒントになるものがないか考えてみましょう。会社が社会とともにどう変化するのかも注目です。はたして社会の変化に対応できない企業が、今後成長できると思いますか？

景気が上向くと株価も上がる

株価・景気・金利は密接に関係しています。経済の基本知識をしっかり押さえておきましょう。

株価は景気と密接に関係しています。景気がよいということは、経済活動が活発なので消費が多く、会社の売上が上がって株価も高くなります。

ずっと好景気ならいいのになぁ……。

好景気ばかり続くと、インフレが起きる可能性があり、そうならないように中央銀行が金利を調整しているんですよ。

景気がよすぎてもダメなんですね。景気のよし悪しは、どう判断するんですか？

右ページの3つの経済指標が代表的です。特に、消費者物価指数は確認しましょう。アメリカの場合は、車の販売台数も景気を見るうえで重要です。アメリカは日本以上に自動車大国で、日本のように車をあまり買い替えません。よって、販売台数が増えると景気がよいということです。

ボロボロの車をハリウッド映画でよく見るけど、そういうことだったんですね！

景気
すべての経済活動の動向のこと。好景気と不景気を繰り返す（→右ページ）。

インフレ（インフレーション）
物価が上がること。それに伴って賃金も上昇しない場合、経済活動が低迷する。反対に物価が下がることをデフレ（デフレーション）という。

中央銀行
お金の発行や金融政策を行う機関のこと。日本の中央銀行は日本銀行（日銀）。

金利
お金の貸し借りにかかる費用。低いとお金を借りやすくなり、高いと借りにくくなる。お金の流通量を調節する、いわばお金の蛇口。

株価と景気・金利の関係

株価の先行性

"変化の兆し"で投資家たちが株を売買するため、株価は景気よりも先に上昇・下落する。

金利を上げる

インフレになるのを防ぐため、中央銀行が金利を上げてブレーキをかける。

不景気

経済活動が停滞している状態。「景気が悪い」ともいう。悪くなりすぎると物価が下がりデフレになる。

好景気

経済活動が活発な状態。「景気がよい」ともいう。よくなりすぎると物価が上昇しインフレになる。

株価 ━━━━
景気 ━━━━
金利 ━━━━

金利を下げて景気を上げる

景気が低迷すると、中央銀行が金利を下げてお金の流通量を増やして景気を上げる。

チェックしたい経済指標

☑ 日銀短観
（主要（全国）企業短期経済観測調査）

日銀が四半期ごとに発表。全国1万社以上を対象に、業績や雇用などの実績と見通しを調査する。経営者の意見が集約されており、経済指標のなかでも信頼度が高いとされる。

☑ 消費者物価指数

総務省が毎月末に発表。物価の推移をあらわし、前月比2％以上上昇すると景気が過熱ぎみ。日本はGDP*の約53％、アメリカは約70％が個人消費なので、物価高で消費が減ると景気は悪くなる。

☑ 有効求人倍率・完全失業率

有効求人倍率は厚生労働省が、完全失業率は総務省が毎月末に発表する。2つの指標から雇用状況がわかる。有効求人倍率は1.0倍以上、完全失業率は低いほど景気がよいとされる。

＊GDPとはGross Domestic Product（国内総生産）の略。その国の経済規模をあらわす。

経済指標②

円安・円高の影響を受けるのはどんなとき？

会社の事業内容によって、円安・円高で受ける影響が異なります。

外国為替相場も株価に影響します（→P37）。円安・円高の意味と影響について、知っておきましょう。

外国株や輸入・輸出が多い会社に投資するなら知っておかないといけませんね。

外国から輸入したものを加工している会社にも影響が大きいですよ。日本は資源や作物などの生産量が少ないので、多くの会社がこれに当てはまります。

日本株は為替の影響を受けやすいんですね。影響の少ない業界はありますか？

インフラ系や生活必需品・日用品を扱う会社などは影響を受けにくいですよ。

株を買うとき、円安と円高ではどちらがいいんでしょうか？

輸出する会社か輸入する会社かによって有利になる状況が異なるので、どちらがいいとは一概には言えないんですよ。

円安
ほかの通貨に対して、円の価値が下がること。

円高
ほかの通貨に対して、円の価値が上がること。

円安・円高ってどういうこと？

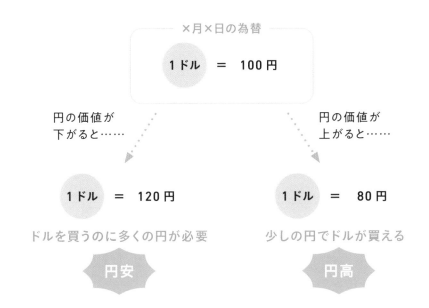

×月×日の為替

1ドル ＝ 100円

円の価値が
下がると……

円の価値が
上がると……

1ドル ＝ 120円

1ドル ＝ 80円

ドルを買うのに多くの円が必要

少しの円でドルが買える

円安

円高

円安と円高、どちらがよいかは会社による

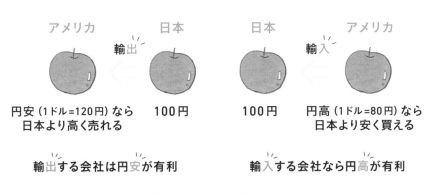

アメリカ　　　　　日本

輸出

円安（1ドル=120円）なら
日本より高く売れる

100円

日本　　　　　アメリカ

輸入

100円

円高（1ドル=80円）なら
日本より安く買える

輸出する会社は円安が有利

日本で売るよりも、輸出して外国で売る
方が売上を増やすことができる。

輸入する会社なら円高が有利

材料を安く仕入れることができるので、
費用を削減できる。

上達の
近道①

取引を記録して
失敗を防ごう

株取引の記録をつけておけば、経験を今後の投資に活か
しやすくなります。

株式投資のスキルを早く伸ばすために、
何かコツなどはありますか？

取引を記録するとよいですよ。株はスポ
ーツなどと同じで、実践していくことで
上達するものです。いつ、どの銘柄を、
何株、どんな理由で売買したのかなどを
振り返ることで、学びが深くなります。

記録をつけておけば、銘柄の管理もしや
すいですね。

今は自分の証券口座で保有銘柄の管理が
簡単にできますが、なかには取引内容だ
けでなく、IR情報などをExcelファイル
にまとめて管理する人もいますよ。

そこまで細かくはできないかも……。ポ
ートフォリオとは違うのでしょうか？

ポートフォリオ（→P138）でもかまい
ませんが、できれば、失敗を減らすため
に取引の理由も記録しましょう。投資日
記をつけてみるのもよい方法ですよ。

まとめて管理
売買した株の株価や業
績の推移、IR情報や商
品・サービスを試した
感想など、さまざまな
情報をまとめておく。
ノートに書くなど自分
のやりやすい方法で記
録しよう。

取引の記録をつけておこう

（例） 記載する事項

✎ 日付　　　　　年　　　　月　　　　日　　　　時　　　　分

✎ 銘柄　　　　　　　　　　✎ 株数

✎ 注文方法　　買い or 売り　／　指値 or 成行（逆指値）

✎ 約定した株価　　　　　　　円

✎ 売買した理由

取引には根拠が必要

根拠のない取引は失敗につながります。目標を達成した、許容できる損失を超えた、業績が上がる見込みがないなど、自分なりの理由を記入して取引を言語化しましょう。

記録の方法

・ノートに書く
・ポートフォリオと一緒に記録する
・証券会社のサービスを使う
・アプリで記録する　　　　　　　など

自分の管理しやすい方法で記録をつける。「売買した理由」を記録できないサービスもあるので、その場合は別でノートなどに記録しよう。

"継続は力なり"
株は続けることが大事

株を続けること、これが何よりも上達する方法です。
せっかくはじめたのなら、楽しんで続けましょう。

買った株の株価が下がってきてしまった
ら、売りたい気持ちになってしまいそう
ですね。

取引ルールを守れずに売ってしまう人や
損失が出たからといって株をやめてしま
う人は多いんですよ。

せっかく学んだし、やめてしまうのはも
ったいないですよね。

その通り。株は続けることが大切ですよ。
失敗しても続けることで失敗から学び、
次の取引に活かすことができます。

続けることですね！　僕は短期投資だけ
を検討していたけど、一緒に少額でドル
コスト平均法もやってみようかな。

それはいいですね。慣れてきて利益が出
ると楽しくなりますよ。

わかりました。コツコツ経験を積んで、
投資の達人になりたいと思います！

途中でやめるのはもったいない！

NG
下がったときに
我慢できずに売ってしまう

株価が下がったからといってすぐに売ってしまうと損失に。損をしたからといって株取引をやめてしまうのではなく、振り返って次の取引に活かそう。

NG
思うように利益が
上がらずやめてしまう

予想よりも利益が少なかったり、時間がかかったりしてやめてしまうことも。株はいきなり大きな利益にはならず、続けることで大きな利益を生む。

株式投資を楽しもう

☑ 投資先をもっと好きになる

投資先を好きになれば、ニュースの確認をこまめにできる。株価の変動にも惑わされず、購入後に興味がなくなることもない。

☑ 無理のない範囲で

投資額は少額でOK。銘柄数も管理できる範囲にする。お金にも気持ちにもゆとりを持とう。

☑ 初心を忘れずに

投資の目的を思い出そう。ただし、大切なお金を運用するので、多少の緊張感は持ち続けて。

さくいん

監修者紹介　**市川雄一郎**（いちかわ ゆういちろう）

グローバルファイナンシャルスクール（GFS）校長。一般社団法人資産運用検定協会代表理事。世界24か国のFP国際資格CFP®（サーティファイド ファイナンシャル プランナー®）および国家資格1級ファイナンシャル・プランニング技能士（資産設計提案業務）を取得。学位はMBA・経営学修士（専門職）。日本FP協会会員、日本FP学会会員。

[参考文献]
・市川雄一郎著『投資で利益を出している人たちが大事にしている45の教え』（日本経済新聞出版）
・市川雄一郎ほか監修『ラクラク 株&会社四季報 マニュアル』（ビジネス教育出版社）
・グローバルファイナンシャルスクール（GFS）公式YouTubeチャンネル（https://www.youtube.com/@gfs）
・ゼロから始める投資アカデミー - 人生が楽しくなる役立つ投資情報を発信 - ウェブサイト（https://gfs-official.com/blog）
・ジョン・シュウギョウ著『世界一やさしい株の教科書1年生』（ソーテック社）
・ダイヤモンド・ザイ編集部編『めちゃくちゃ売れてる株の雑誌 ザイが作った「株」入門 改訂第3版』（ダイヤモンド社）
・安恒理著『図解 知識ゼロからはじめる 株の入門書』（ソシム）
・安恒理著『めざせ「億り人」！マンガでわかる 最強の株入門』（新星出版社）
・SMBC日興証券ホームページ（https://www.smbcnikko.co.jp）
・SBI証券ホームページ（https://www.sbisec.co.jp）
・金融庁ホームページ（https://www.fsa.go.jp）
・日本証券業協会 投資の時間ウェブサイト（https://www.jsda.or.jp/jikan）
・日本取引所グループホームページ（https://www.jpx.co.jp）
・野村證券ホームページ（https://www.nomura.co.jp）
・PayPay証券ホームページ（https://www.paypay-sec.co.jp）
・マネックス証券ホームページ（https://www.monex.co.jp）
・みんかぶウェブサイト（https://minkabu.jp）
・Yahoo！ファイナンスウェブサイト（https://finance.yahoo.co.jp）
・LINE証券ホームページ（https://trade.line-sec.co.jp）
・楽天証券ホームページ（https://www.rakuten-sec.co.jp）

0からわかる！
株超入門

2023年 6月10日　初版第1刷発行
2024年 4月17日　初版第2刷発行

監修　　市川雄一郎
発行人　片柳秀夫
編集人　志水宣晴
発行　　ソシム株式会社
　　　　https://www.socym.co.jp/
　　　　〒101-0064　東京都千代田区神田猿楽町1-5-15 猿楽町SSビル
　　　　TEL：（03）5217-2400（代表）
　　　　FAX：（03）5217-2420
印刷・製本　株式会社暁印刷

STAFF

カバーデザイン／喜來詩織（エントツ）
カバーイラスト／山内庸資
本文デザイン／伊藤悠
DTP／明昌堂
本文イラスト／須山奈津希
校正／渡邉郁夫
編集協力／オフィス201（橋本湖虹）、田原朋子

定価はカバーに表示してあります。
落丁・乱丁本は弊社編集部までお送りください。送料弊社負担にてお取替えいたします。
ISBN978-4-8026-1410-8　©Yuichiro Ichikawa 2023,Printed in Japan